Le combat de Jeanne Nature

contre les pilleurs, les tricheurs et les fabricants d'artifices

SAMSARA

Mot de l'éditeur

Evidence Editions a été créée dans le but de rendre accessible la lecture pour tous, à tout âge et partout. Nous accordons une grande importance à ce que chacun puisse accéder à la littérature actuelle sans barrière de handicap. C'est pourquoi nos ouvrages sont disponibles en format papier, numérique, dyslexique, malvoyant, braille et audio.

Tout notre professionnalisme est mis en œuvre pour que votre lecture soit des plus confortables.

En tant que lecteur, vous découvrirez dans nos différentes collections de la littérature jeunesse, de la littérature générale, des témoignages, des livres historiques, des livres sur la santé et le bien-être, du policier, du thriller, de la littérature de l'imaginaire, de la romance sous toutes ses formes et de la littérature érotique.

Nous proposons également des ouvrages de la vie pratique tels que : agendas, cahiers de dédicaces, Bullet journal, DIY (Do It Yourself).

Pour prolonger le plaisir de votre lecture, dans notre boutique vous trouverez des goodies à collectionner ainsi que des boxes livresques disponibles toute l'année.

Ouvrir un livre Evidence, c'est aller à la rencontre d'émotions exceptionnelles.

George Ermite

Le combat de Jeanne Nature contre les pilleurs, les tricheurs et les fabricants d'artifices

Couverture : **Maïka**

Publié dans la **Collection Samsara**

ÉVIDENCE ÉDITIONS

Prologue

Rassemblement des quatre éléments

À l'abri des regards d'étoiles indiscrètes, les quatre éléments se donnent rendez-vous dans un immense trou noir qui donnera à leurs échanges un côté mystérieux. L'heure est grave. À leurs oreilles résonnent les coups portés aux rouages qui conditionnent la vie sur terre Ils vibrent comme l'enclume de Vulcain. Après des millions d'années de développement constant et progressif, ce vrombissement n'annonce rien de bon. Il concourt à la préparation d'une tempête funeste sonnant le glas de l'espèce Sapiens qui leur tient beaucoup à cœur. Cette planète Terre est leur enfant adoré, le champ où s'expérimentent leur imaginaire et leur espérance.

Le représentant de l'Eau déclare que, jusqu'à maintenant, il a coulé des jours heureux, mais que, pour lui, la lune de miel s'estompe, rendant l'avenir incertain. Il craint de ne plus pouvoir gérer le gonflement de la masse liquide, ce fantôme annoncé dont il voit poindre les contours.

Sa collègue de la Terre exprime, elle aussi, son angoisse devant les espaces qui se réduisent et reproche à son confrère sa fâcheuse tendance à faire des vagues envahissantes, soulignant qu'elle n'y comprend rien à son histoire de revenant.

L'Air, qui a vécu plusieurs millions d'années dans un confort relatif, constate qu'il est de plus en plus souvent dans l'incapacité de maîtriser ses flux et de trouver le moyen de se régénérer pour améliorer l'atmosphère respirable. Quant au représentant du feu, il ne sait plus trop comment réguler les rayons de sa chaudière solaire pour éviter les affres de leurs brûlures.

Chacun est conscient de ses responsabilités, seule une action concertée est créatrice de vie. Individuellement, ils ne sont pas en mesure de gérer le processus, mais, lorsque les conditions sont remplies, le phénomène naturel se déclenche. Après le big-bang, ils ont constaté un changement des règles et l'apparition de la première communauté moderne basée sur les quatre éléments.

Dans un même mouvement oculaire, les regards de trois d'entre eux se tournent vers leur collègue du Feu. Ce faisceau lumineux pointe celui qu'ils tiennent pour responsable des maux de la planète. Dans un premier temps, celui-ci plisse les yeux pour montrer son désaccord, mais, devant l'insistance de ses trois compères, il se résout à esquisser une bribe de réponse.

—Je n'y peux rien, je vous assure. J'ai tenté, en vain, d'obtenir l'autorisation de mettre un peu plus de distance entre moi et la Terre. Le refus a été immédiat et catégorique. Pas question de changer quoi que ce soit au système. Dois-je vous rappeler que la vie s'est développée dans l'alternance, à une époque glaciaire a succédé une période de réchauffement. Ces phénomènes naturels et constants n'ont en rien entravé l'évolution des habitants de notre planète chérie. Si nous sommes rassemblés en ces lieux, c'est bien parce que le dérèglement échappe à nos lois immuables, au moins en ce qui concerne leurs fréquences et leur intensité. Ce n'est donc pas la peine de jeter sur moi vos regards interrogateurs. L'intervention de l'Homo sapiens dans la dérégulation de ce processus est à montrer du doigt.

L'Eau prend la parole à son tour :

— Moi non plus, je n'y peux rien, je suis victime de l'augmentation des températures, elles provoquent la fonte des glaces et perturbent les cycles des précipitations. Je subis et ne possède pas de système de rétropédalage.

— Et moi, donc, ajoute l'Air. Le phénomène que vous venez de citer a une incidence directe sur les courants qui deviennent de plus en plus violents. Je suis incapable de ralentir le mouvement et, de plus, je constate avec peine que mes qualités se détériorent obligeant l'homme à se masquer pour survivre. Mais dans quel monde vivons-nous ?

— Je fais le même constat, déclare la Terre. Soit je me fais doucher et je me transforme en ruisseau de boue, soit mon cher ami Soleil me rôtit à tour de broche et, comble de la situation, les agriculteurs me gavent de poisons provoquants, dans mes entrailles, la fécondation d'aliments dangereux.

Une longue période de calme s'installe, chacun médite dans la plus parfaite obscurité tandis que les remous des trous noirs les secouent violemment. L'Eau rompt le silence.

— En toute humilité, je représente le composant le plus important dans le développement de la vie. J'en ai été quasiment la matrice et j'avoue que je me suis volontiers laissée fertiliser par mes trois compères. Je vous suggère d'abréger notre réunion dans ces lieux quelque peu inhospitaliers. Ne nous appesantissons pas sur le constat, mais essayons d'avancer en donnant des idées concrètes. L'Homo sapiens devient infidèle à son appellation, la situation est déséquilibrée. Je propose que nous envoyions sur Terre notre fille chérie, Jeanne Nature. Elle attirera l'attention des terriens sur le danger que leurs comportements représentent et fera part de son amertume à force de subir en permanence des agressions aussi violentes que nombreuses. Je recommande un tour de table, puis un vote.

Sur le principe, l'unanimité se fait rapidement. La question subsidiaire est de décider si cette action doit faire l'objet d'une transmission à la hiérarchie.

L'Eau rappelle que, sur la Terre, les quatre éléments ont carte blanche.

Le représentant du Feu s'exprime.

— En notre âme et conscience, nous estimons que nos intentions sont pures, que nous ne cherchons pas à contourner quiconque. Laissons nos supérieurs apprécier notre démarche qui n'a qu'un objectif, rétablir un équilibre indispensable à un développement durable sur Terre.

Les quatre se rapprochent, fusionnent. Puis, comme à l'accoutumée, le Feu conclut par le serment.

— Nous, les éléments, sources de toute vie, prenons l'engagement d'agir sans relâche pour redonner à la Terre les conditions propices au maintien d'une existence apaisée, stable et juste qui protégera la planète et l'ensemble de ses hôtes, les minéraux, les végétaux, les animaux avec la branche des hominidés. Nous procéderons à notre rythme, mais avec fermeté. Nous confirmons notre fille, Jeanne Nature, comme notre représentante sur la Terre et lui conférons tous les pouvoirs pour mener à bien sa mission. Scellons ainsi, par notre volonté, le serment de la Grande Vie.

Heureux du devoir accompli, ils décident alors de s'accorder un temps de répit.

Moi, Jeanne Nature

Je serais dans le mensonge si je vous déclarais que la décision de mes géniteurs de m'envoyer mettre de l'ordre dans ma descendance sapienne m'a fait bondir de joie. Enfin, tressaillir, car, à mon âge, faire des sauts ne fait plus partie de mes accessoires. Je suis déjà satisfaite d'avoir conservé des apparences tout à fait présentables et des attitudes en adéquation avec mon rang. Mais l'habit ne fait pas le moine. Mes neurones, sollicités depuis des milliards d'années, se sentent un peu fatigués, alors qu'au contraire, l'intelligence de Sapiens est sur le point d'être boostée par des moyens artificiels qui ne risquent pas de me faciliter la vie. Bien qu'entre nous, ce n'est pas sur le terrain de la réflexion que je me positionne, mais simplement sur celui du bon sens élémentaire. Vous êtes trop nombreux à ne pouvoir assimiler les joutes cérébrales trop souvent contradictoires, voire stériles. Par contre, chacun d'entre vous vibre aux appels de son instinct de survie.

Sachez qu'en plus de la coquetterie, je me porte bien. Si j'ai le droit de me plaindre du sort que les hommes me réservent, je n'ai pas l'intention de fuir mes responsabilités ni de porter un jugement sur les mauvais traitements qu'ils m'infligent. Nous ne sommes pas de la même famille pour rien et devons laver notre linge sale entre nous. Par contre, il est évident que je possède le monopole de la machine et de la lessive.

Au fond de moi-même, je suis un peu inquiète, la situation de la Terre m'interpelle depuis plusieurs décennies déjà. Entre nous, sans vouloir manquer de respect aux quatre éléments, je me demande s'ils n'ont pas trop tardé à me faire intervenir. Enfin, je n'ai plus le choix, il faut me préparer au combat. Les dés sont maintenant jetés.

Jeanne Nature débarque

Au café du village, les commentaires vont bon train. La ferme du vieil Alfred, célibataire endurci et sans héritier, serait reprise par une dame d’un certain âge. C’est un clerc de notaire qui a vendu la mèche. L’explosion est de taille et les fragments de quolibets envahissent toutes les conversations, y compris celles du conseil municipal : **« Avec la nouvelle propriétaire, l’amour ne risque pas d’être dans le pré ! Traire les quelques chèvres avec des béquilles ou en fauteuil roulant ne sera pas simple. Quelles peuvent être ses motivations ? Faire de l’agriculture raisonnée ou même du bio, selon la rumeur. Utopie ! Pour commencer, les bénéfices ne suffiraient pas à honorer les mensualités du banquier et, ensuite, foutaises, les retombées des usines chimiques des environs empêchent toute activité écologique. Quelle mouche a-t-elle bien pu la piquer ? Avant de laisser des gens se mettre volontairement dans la difficulté ne doit-on pas soumettre ce genre de décision aberrante à un referendum ?**

Une certitude, rapidement cette vieille femme va devenir un boulet pour la collectivité. »

Le clan des extrémistes propose de préparer une pétition avant son arrivée pour lui dire d'aller voir ailleurs. Les coins isolés ne manquent pas dans notre bel hexagone. Pourquoi ne pas lancer le concours du plus remarquable cimetière rural et lui suggérer d'aller s'établir à proximité ? Les veuves, nombreuses dans le village, accaparent tout le temps du curé itinérant, qui n'en a même plus à consacrer aux enfants et aux futurs mariés. Et puis, tout a changé, les jeunes générations, toujours le nez dans les commandes des machines, ont de moins en moins de loisirs pour s'occuper des anciens et des anciennes.

Pour faire pendant à ces forts en gueule, une partie de la population a une attitude plus constructive, d'autant que la commune soutient l'initiative de plusieurs exploitations agricoles. Elle consiste à compléter leurs activités par des chambres d'hôtes ou du camping à la ferme. Ces habitants n'ont rien à redire quant à la cession du domaine d'Alfred à une dame âgée. Au contraire, plusieurs voix se font entendre pour proposer, en cas de besoin, leur aide.

Le maire réunit son conseil en séance exceptionnelle et invite les citoyens à y assister massivement. Il devient indispensable de clarifier la situation. Déjà, son village a été montré du doigt à cause des résultats d'un parti d'extrême droite aux dernières élections législatives. Il se souvient encore du savon que lui a passé le préfet et, surtout, de la menace de fermer le robinet des subventions.

Un quart d'heure avant le début de la séance, l'espace réservé au public est bien occupé, Les contestataires rassemblés d'un côté, les supporters de l'autre. Au milieu, le groupe le plus important des sans opinion qui sert de tampon. Le maire se félicite d'avoir demandé la présence des forces policières, il en espère une certaine retenue de la foule bien que les deux jeunes représentants de la maréchaussée diligentés par leur hiérarchie se limitent à une participation symbolique.

La guigne, son micro refuse de fonctionner et il a beau s'époumoner, il reste inaudible. Les opposants prennent instantanément la main et remplissent de leurs vociférations et de leurs insultes le vide acoustique, voyant un geste du ciel dans la défaillance technique. Ils en sont persuadés, ils détiennent la vérité, ce que, bien sûr, le groupe adverse leur conteste avec autant de décibels.

Un conseiller municipal a la bonne idée d'éteindre la lumière. Le silence accompagne immédiatement l'obscurité. Les gendarmes s'engouffrent dans la brèche et menacent d'évacuer la salle. L'éclairage est rétabli, personne n'ose plus broncher durant le temps que met le maire à rebrancher le micro.

— Mes chers concitoyens, je suis atterré tant par les rumeurs abjectes qui circulent dans notre village que par les propos indignes qui viennent d'être tenus dans cette enceinte. Je rappelle que la municipalité, en conformité avec la devise de la République, essaye, avec des moyens appropriés, de maintenir la vie dans la commune et de la rendre plus supportable pour l'ensemble des habitants, sans exception.

Applaudissements.

— Quant à ces quelques voyous, reprend-il sous les sifflements, je leur dis simplement : « Votre comportement bafoue notre tradition d'hospitalité. Nous ne vous laisserons pas déshonorer notre communauté, nous ne vous laisserons pas saper les mesures en cours pour redorer notre blason. Grâce aux aides du département, de la région, de l'État et de l'Europe, notre commune deviendra attractive, nous allons l'embellir, rénover notre château pour l'ouvrir à la visite. Nous n'atteindrons l'objectif que si nous sommes unis et volontaires. La moindre rumeur négative qui arriverait aux oreilles des médias rendrait caduc l'ensemble de nos efforts. Gardez votre énergie pour notre projet. »

Le conseil municipal, à l'unanimité et à main levée, vote une résolution stipulant que l'accueil de madame Jeanne Nature se fera dans le respect des lois de la république et des règles de bienséances.

Dans les semaines qui suivent, un calme apparent revient dans le bourg. Jeanne a définitivement signé l'acte notarié et fait entreprendre quelques travaux de rénovation dans la propriété vétuste du vieil Alfred, qui a accepté d'habiter chez sa sœur tout en continuant à s'occuper des bêtes. Il se garde bien de répondre à toutes les questions se rapportant à la personne de l'acheteuse, mais dans son regard brille une flamme de satisfaction d'avoir trouvé une perle pour reprendre son exploitation.

L'attente est de courte durée et la tension monte lorsqu'un petit camion de déménagement, suivi d'une fourgonnette, franchit le portail par un après-midi pluvieux. Les habitants ont dévalisé le stock de jumelles du supermarché voisin. Tous les yeux ont leur accessoire pointé sur la l'ex ferme d'Alfred. L'unique chose qu'ils peuvent constater est le filet de fumée qui s'échappe de la cheminée.

Les contestataires mettent en place un tour de garde chargé de noter tous les événements visibles. L'emploi du temps de Jeanne est vite connu, il se répète chaque jour. Elle se réveille à l'heure du lever du soleil, se rend dans la salle de bain, puis dans la cuisine pour prendre le petit déjeuner avec le chevrier. Elle fait sortir les bêtes dans l'un des enclos après avoir procédé à la traite. Elle passe le reste de la matinée dans son laboratoire pour affiner les fromages jusqu'à l'heure du repas, puis y retourne une partie de l'après-midi. Après le dîner, la lumière demeure allumée jusqu'à la disparition de l'astre du jour à l'horizon.

Deux jours par semaine, elle modifie ses horaires, se lève plus tôt, charge sa camionnette et part faire les marchés.

Jeanne fait les marchés

Elle arrive toujours la première sur la place du village où se tient le marché pour retenir l'emplacement qui lui semble le plus central. Elle met sa chèvre de démonstration en évidence, l'attache au pare-chocs de son auto, étend un peu de paille et de nourriture. Enfin, elle monte une vieille table pliante en bois qu'elle décore d'une nappe blanche sur laquelle elle positionne les fromages selon un plan bien établi qui confère à l'ensemble les allures d'une œuvre d'art.

Il est difficile de lui donner un âge, mais son visage resplendissant ne laisse personne indifférent. Ses cheveux d'or, brillant comme un soleil s'étalent sur ses épaules et une partie de son dos. Ses deux grands yeux « bleu océan » invitent à l'aventure, ses joues légèrement burinées témoignent d'une longévité exceptionnelle et ses deux narines, gracieusement surdimensionnées, permettent à l'air d'entrer à profusion. Sa stature impressionnante se profile au loin, comme un phare faisant converger vers elle une foule curieuse. Son regard se pare d'humilité pour croiser celui des chalands. Toujours coquette, vêtue d'un chemisier brodé et d'une jupe longue qui dissimule ses deux solides jambes. Pour sûr, elle est bien ancrée à cette Terre chérie.

Il émane de sa beauté naturelle une telle force, qu'aucune énergie, si puissante soit-elle, ne peut la contourner. Elle attend patiemment que les clients s'agglutinent autour de son stand avant de les hypnotiser au moyen de sa voix empruntée à l'univers fantastique des sirènes. Ses arguments, d'une simplicité désarmante, allument de petites lumières dans la conscience de ses auditeurs. Et cela lui importe plus que ses fromages. Elle ne vient pas faire du commerce, elle est là pour lancer un SOS. Elle sait bien qu'elle ne va pas convaincre ces chalands en une seule fois. Sa tâche sera longue, rude et le combat ne fait que commencer.

Son message est simple : manger des produits locaux, éviter les aliments industriels trop souvent complétés par des artifices nocifs pour la santé et la terre Pour les autres biens il faut tendre à une consommation raisonnée, alignée sur les capacités de la planète et cesser le pillage des matières premières qui risque de remettre en cause les conditions de vie des générations futures.

Au bout de quelques semaines, elle est devenue la cible de la presse. Les commentaires se font nombreux, émanant aussi bien des détracteurs que des convaincus.

La contestation enfle

La télévision locale fait quelques reportages autour du stand de Jeanne que les chaînes nationales relayent. L'effet est immédiat. Les commentaires des uns et des autres sont découpés, hachés, isolés, complétés par des adjuvants pseudo-intellectuels qui les rendent indigestes, voire nocifs pour la population. Les échanges prennent une telle ampleur qu'ils obligent les autorités à intervenir pour tenter de calmer le jeu. Le combat est en train de dépasser les limites régionales, et de petits plaisantins utilisent les réseaux sociaux et placent chaque jour de nouveaux pions sur la carte de l'hexagone pour imager la progression de chaque clan.

Les adhérents aux thèses de Jeanne se rangent derrière une bannière représentant la planète Terre avec la phrase centrale : « TOUS AVEC JEANNE NATURE, LE BIOLOGIQUE CONTRE L'ARTIFICIEL », tandis que les contradicteurs choisissent comme emblème un drapeau. Celui-ci montre plusieurs savants œuvrant à la création d'objets aux contours flous en apesanteur au-dessus de leurs têtes, l'ensemble couronné par une inscription en lettres noires : « POUR LE BIEN-ÊTRE DE L'HUMANITÉ ».

Son village d'adoption n'échappe pas au partage des opinions. Une partie importante des cultivateurs travaillant pour l'industrie agroalimentaire et les salariés de ces entreprises sont farouchement opposés à ses thèses. Les petits paysans, des groupuscules de fonctionnaires et de retraités lui sont plutôt favorables, et le reste forme un ventre mou gainé dans un silence assourdissant.

La ferme de Jeanne a été plusieurs fois envahie par des individus cagoulés qui ont tagué la façade de sa maison et commencé à démonter la grange dans laquelle elle remise son foin. Ces manifestations la laissent indifférente, elle ne change rien à ses habitudes ni à sa manière de communiquer. Par contre, elle apprécie que des comités de soutien assurent la surveillance nocturne de son exploitation. Cet embryon actif de ses partisans augure la stratégie proposée par l'élément liquide à savoir qu'elle doit fédérer de nombreuses « particules » pour provoquer un raz de marée salvateur.

Les attaques contre Jeanne se multiplient et deviennent de plus en plus violentes. Il faut bâillonner cette folle, la réduire définitivement au silence. Comment ? Officiellement, personne n'a de solutions, mais, en petits comités anonymes, des moyens expéditifs sont évoqués.

Une goutte fait déborder le vase. De retour du marché, Jeanne constate que plusieurs bêtes ont disparu et que son habitation a été en partie saccagée. Elle invite la chaîne régionale de télévision à venir faire un état des lieux. Son interlocutrice habituelle, dans un premier temps tout feu tout flamme, la rappelle au bout d'une heure pour l'informer que la direction refuse d'intervenir dans une situation qu'elle estime du ressort de la justice. Son comité de soutien filme les scènes de déprédation et les fait passer en boucles sur les réseaux sociaux.

La réaction contre les voyous est immédiate, ils sont noyés sous un flot d'injures, leur bêtise et leur lâcheté dénoncées avec vigueur. Avant même que les gendarmes ne viennent constater les dégâts, ils sont prévenus du lieu où les biquettes sont cachées.

Une armée de volontaires constituée de ses partisans et de plusieurs membres du ventre mou accourt à la ferme pour remettre l'enclos et la grange en état. Jeanne en a les larmes aux yeux. Le maire en personne fait l'inventaire du mobilier inutilisable et, dans la foulée, lance un appel au peuple, immédiatement entendu, pour remeubler le côté habitation. En guise de remerciements, Jeanne organise un buffet ouvert à tous les bénévoles présents. Elle profite de l'occasion pour dénoncer l'usage de la violence qu'elle soit dirigée contre la planète ou contre ses biens.

Le préfet aurait bien voulu s'inviter à la fête, malheureusement le Premier ministre et le ministre de l'Intérieur l'ont convoqué d'urgence à Paris...

Dans les huit jours qui suivent, des comités de soutien à Jeanne se créent par dizaines dans le département. L'association « Tous derrière Jeanne Nature, le biologique contre l'artificiel » se développe rapidement surtout grâce aux inepties de ses détracteurs.

La presse écrite régionale décide, en concertation avec le représentant de l'Etat et le président de région, d'organiser un débat public dans un grand amphithéâtre universitaire.

Jeanne s'y rend au volant de sa camionnette et est bien inspirée de partir en avance, car les routes sont embouteillées, comme aux plus belles heures de l'exode, dixit l'arrière-grand-mère assise à ses côtés. Prudente, Jeanne a troqué sa jupe contre un pantalon et dissimulé sa crinière d'or sous un fichu local.

Elle parcourt difficilement les quelques mètres la séparant de l'amphithéâtre. Partisans et opposants, contenus par des forces de police imposantes, se combattent à coup de mégaphones et de projectiles naturels. Heureusement, son camouflage lui permet de passer incognito à travers la foule et de se faufiler jusqu'à la table montée sur l'estrade.

À peine se débarrasse-t-elle de son manteau et de son foulard qu'une intense onde sonore traverse la salle pleine comme un œuf. Ses supporters et ses adversaires viennent de la reconnaître, c'est un véritable tsunami humain qui laisse mal augurer de la capacité des participants à échanger sereinement. Diverses personnalités, dont la présidente de son association, prennent place autour d'elle. Jeanne est dans l'impossibilité totale de traduire les vociférations du public. Dans son for intérieur, elle s'interroge sur la maturité de l'assemblée, tous camps confondus. Existe-t-il réellement une prise de conscience de la dangerosité et de l'urgence de la situation ? Est-ce qu'un malade oserait ainsi insulter le médecin qui lui proposerait une thérapie ? Pour son bien, pour le sauver ! La présidente, surprise et dépassée par les événements, a beau s'époumoner dans son micro, le vacarme s'incruste et le silence ne se pose que par minuscules intermèdes durant le temps que met la foule pour récupérer son souffle. Quel dommage qu'il ne soit pas utilisé pour définir un nouvel itinéraire plus enclin à préserver la planète ! Ses partisans ont sous-estimé leurs adversaires. Ces derniers ont bien compris le danger que représente le discours de cette vieille dame. Ses arguments ne peuvent être combattus qu'avec du bruit, certes artificiel, mais efficace, au moins le croient-ils. Leur stratégie consiste simplement à l'empêcher de s'exprimer par tous les moyens, sans exception.

Le préfet fait évacuer la salle et l'invective continue à l'extérieur. Des casseurs sautent sur l'occasion de causer des dégâts dans le centre-ville.

Mais à qui peut bien profiter le crime, se demande Jeanne.

Elle n'est pas convaincue que son association en soit la bénéficiaire.

Les journaux télévisés de plusieurs chaînes nationales rapportent brièvement les incidents sans parler du fond. Le phénomène Jeanne devient un sujet de conversation qui dépasse les frontières de la région. De quoi lui mettre un peu de baume au cœur, mais l'obstacle qui s'élève devant elle est de taille. Le plus difficile reste à faire, ses opposants ne sont pas prêts à désarmer ; les enjeux sont colossaux.

Le grand débat télévisé

Divers réseaux sociaux, médias et tours Chappe en tous genres relayent le message de Jeanne vers Paris. Elle, de son côté, préfère garder le silence, cette attitude lui semble appropriée pour ramener de la sérénité dans le débat, même si ses soutiens émettent un avis contraire.

— La nature a horreur du vide, se plaignent-ils.

Qu'en savent-ils ? Ils oublient que leur planète est suspendue dans le cosmos et qu'il est indispensable de conserver cet état en maintenant en place les équilibres. Le danger qui motive sa présence sur Terre résulte des entailles à répétition causées par une population en rupture avec la création et les grandes forces sur laquelle elle s'appuie.

La date et les modalités du débat télévisé sont rapidement arrêtées par les pouvoirs publics et leurs suppôts capitalistes. Ensemble, ils décident d'étouffer dans l'œuf les propos subversifs de la vieille dame, avant qu'il ne soit trop tard pour enrayer un courant qui aurait tendance à devenir de plus en plus impétueux. Les héritiers de feu la ligne Maginot construisent des barrages et des digues dans une effervescence inaccoutumée. La totalité des médias reproduit à qui mieux mieux des tableaux, des graphiques, des interviews de savants, plus distingués les uns que les autres, pour saper l'argumentaire de la nature.

Pendant ce temps-là, Jeanne parle à ses chèvres, médite et continue d'affiner ses fromages au grand dam de ses partisans. Ceux-ci commencent à douter des capacités de leur championne à faire le poids face à des adversaires. Ces derniers n'hésitent même plus à demander ouvertement sa tête, à commencer par l'exigence d'un placement d'office dans un établissement spécialisé. Elle se contente de répondre à ses soutiens que seul le bon sens peut vaincre et vaincra, et que ceux qui aiment la Terre et la vie qu'elle donne ne sauraient semer la haine. Quant à une cécité volontaire d'une majorité, elle ne pourrait conduire qu'à une disparition brutale de l'espèce. Il revient à chacun de faire un effort.

Le débat est organisé en soirée pour permettre un audimat maximum. Jeanne modifie légèrement son programme, fait une sieste plus longue pour tenir compte du changement. Elle se sent sereine, les quatre éléments sont soudés autour d'elle, les quelques ragots qui lui ont été rapportés sont indignes de la valeur suprême attachée à la vie. La nature quoiqu'il advienne aura toujours le dernier mot et c'est elle qui maîtrise le moment où il sera prononcé.

Elle choisit de loger chez des adhérents de l'association domiciliés à proximité des studios de télévision afin de pouvoir tranquillement s'y rendre à pied. Le cordon sanitaire, comme elle l'appelle, est impressionnant, il délimite un no man's land d'une circonférence d'au moins cinq cents mètres autour du bâtiment. Le passage du check-point est laborieux. Le commissaire chargé de la sécurité du dernier carré scrute, en alternance, sa carte d'identité et son visage, puis disparaît avec le document sans faire de commentaire. Le fonctionnaire revient avec sa mine renfrognée.

— Si vous me soupçonnez d'être atteinte de la maladie de Creutzfeld-Jacob, il faudra procéder à un prélèvement, lui dit-elle avec son plus beau sourire.

Puis, elle arrache ses papiers des mains du policier.

— Ne pas me proposer une chaise, quel gougnafier.

Le président de la chaîne l'accueille avec un empressement et moult circonvolutions avant de la conduire dans l'immense studio d'enregistrement. Son entrée provoque un silence immédiat et profond. Les visiteurs autorisés, qu'ils soient de l'un ou de l'autre camp, sont sous le charme de cette dame à laquelle on ne saurait donner d'âge. Elle est vêtue d'une petite robe de couleur, toute simple, naturellement belle et rayonnante avec son sourire, ultime parade contre toutes les attaques.

Le journaliste lui explique qu'il va l'interroger avec ses collègues sur la base de formulaires rédigés par de volontaires. Le débat qui suivra sera enrichi par l'intervention d'internautes tirés au sort. Il commence par quelques questions personnelles pour permettre aux téléspectateurs de faire connaissance de ce qu'il nomme le « phénomène » Jeanne Nature.

— D'où venez-vous ? Pouvez-vous nous parler de votre famille ? Avez-vous été mariée ? Avez-vous des enfants ? Quelles sont vos principales activités ?

— Tout d'abord, je ne me reconnais pas dans ce concept de « phénomène » que vous évoquez. Vous voulez certainement mentionner une construction médiatique basée sur la rumeur et les malentendus. Je suis du cosmos, la vie m'a été accordée il y a fort longtemps par mes géniteurs, les quatre éléments. Depuis, je m'applique à la faire évoluer dans l'intérêt de toutes et de tous. Je n'ai pas de mari, mais des milliards d'enfants. Mon activité est unique : donner, donner et donner encore. Donner le souffle, donner l'énergie, donner la nourriture, mettre à disposition le logement, vêtir, armer, sans oublier les épreuves et la mort. Je suis la seule source de l'existence et de tout ce qui l'entoure. Dans l'immédiat, je suis l'enveloppe charnelle des quatre éléments que j'accueille en mon sein. En finalité, je suis le réceptacle des phénomènes naturels lorsqu'ils arrivent à maturation.

Et le silence règne dans le studio et sur les ondes. Il est perceptible par chacun, personne n'ose le troubler. En régie, on ne trouve rien de mieux que de passer de la musique d'Offenbach. Allez savoir pourquoi.

Jeanne, très détendue, est satisfaite du résultat. Sans fioritures ni artifices, elle vient d'accoucher du message dont elle est dépositaire. Elle s'imagine toutes ces paires d'yeux braqués sur elle, celles du plateau et toutes celles des téléspectateurs, les pupilles dilatées, s'interrogeant sur l'OVNI auquel, à le voir et à l'entendre, on donnerait le Bon Dieu sans confession. Elle brise le silence.

— Je conçois que mon curriculum vitae a de quoi désarmer. Mais si vous prêtiez quelque attention à mes propos, vous constateriez qu'ils sont simplement évidents. Seule la distance que certaines civilisations mettent entre elles et moi peuvent expliquer l'incompréhension, voire la rupture. Toute vie est issue d'un cycle, ce qui n'est pas le cas des créations artificielles qui ne correspondent à aucun besoin, bien qu'elles utilisent des ressources naturelles. Cela sans aucune retenue et dans la plus totale irresponsabilité vis-à-vis des générations à venir.

Le contraste est flagrant entre les mines satisfaites de ses partisans et le rougeoiement de colère des visages de ses adversaires. C'est d'un côté un ciel bleu tranquille, opposé à un coucher de soleil annonçant l'orage. Les impacts de foudre sont nombreux et intenses. L'accumulation d'énergie violente s'abat sur le plateau, mêlant aux éclairs une grêle dévastatrice.

La sérénité de Jeanne n'est en rien perturbée. Elle est simplement surprise de voir le service d'ordre faire cercle autour d'elle pour la protéger de quelques excités. Une chose est sûre, ses détracteurs l'accusent de vouloir faire régresser l'humanité vers un monde obscur en la privant de tous les bienfaits des inventions qui apportent tant de bien-être. Opposer le naturel à l'artificiel est, pour eux, un crime de lèse-majesté, une déclaration de guerre. Cette femme est une folle à enfermer immédiatement. La sentence est tombée sans que Jeanne ait compris par quel tour de passe-passe ses remarques de bon sens avaient pu la transformer en inculpée !

Les suites du débat avorté

Jeanne feint la candeur et voûte légèrement le dos pour accentuer son désaccord avec ses adversaires, mais, au fond d'elle-même, elle est meurtrie dans sa chair quand elle constate l'ampleur des dégâts. Se fait-elle trop confiance ? Elle est sûre d'avoir le dernier mot, mais à trop attendre ou à miser sur l'instinct de survie d'une majorité des habitants de la Terre, ne risque-t-elle pas de provoquer l'irréversible ? Une seule certitude doit la guider dans sa démarche. Il est évident que les fabricants d'artifices, de mirages et les pilleurs ne vont pas lâcher le morceau sans tenter d'imposer leur point de vue dans une réelle attitude schizophrénique, dans le refus total d'assumer les conséquences tragiques de leurs actes sur la disparition de sapiens Dans leur démence, ils se voient créateurs à la place du Créateur. Comment leur faire comprendre qu'ils sont dans l'erreur. Leurs attaques répétées contre leur environnement risquent non seulement de sonner le glas de leurs ambitions démoniaques, mais également de laisser une nature trop affaiblie et dans l'incapacité d'assurer à l'humain les ingrédients basiques nécessaires à son existence.

Des membres de sa garde rapprochée viennent la chercher en voiture dans l'enceinte de la chaîne d'où elle repart pour sa campagne, dûment escortée par les motards de la police. Pendant le voyage de retour, la présidente de son association lui résume les nombreux messages circulant sur les réseaux sociaux. Une majorité de téléspectateurs approuvent les termes de sa brève allocution, mais relèvent sa modération. Seule la voix des contestataires a été audible. Elle hoche la tête pour faire comprendre qu'elle a bien noté la remarque ; dans le courant de la journée à venir, elle rédigera un communiqué qui sera transmis à la presse.

À l'arrivée à son domicile, elle est surprise par le nombre de supporters qui défient la nuit et la pluie battante. Elle prend prétexte de l'heure avancée pour s'esquiver.

Comme à l'accoutumée, elle se lève avec l'astre du jour et descend à la cuisine où l'attend un comité d'accueil conséquent. Les différents titres de la presse nationale et régionale s'étalent sur la table :

JEANNE NATURE FRAPPE UN GRAND COUP LÀ OÙ ÇA FAIT MAL.

RIEN DE NOUVEAU SOUS LE SOLEIL, LES ONG TIENNENT LE MÊME DISCOURS DEPUIS LONGTEMPS.

LA CARAVANE NATURE PASSE, LES CHIENS ABOIENT.

PEU D'ÉBATS POUR LE DÉBAT.

LES ASSASSINS DE LA PLANÈTE, LE DOS AU PRÉCIPICE, FRANCHIRONT-ILS LE PAS ?

LA SOCIÉTÉ DE CONSOMMATION CRIE AU SECOURS, LE BON SENS EST DE RETOUR.

JEANNE, NOUS NOUS COTISONS POUR T'OFFRIR UNE CUIRASSE ET CE QUI VA AVEC.

AUX ARMES, LES ÉCOLOS, TOUS DERRIÈRE LA BANNIÈRE DE JEANNE, LES MINISTÈRES SONT INUTILES.

Elle repousse les journaux et appelle au petit déjeuner :

— Il nous faut prendre des forces si nous voulons être en mesure de donner. La semence pompe les nutriments de la terre, de l'eau et du soleil avant de restituer la graine, puis la plante. Nous devons faire pareil. Mangeons.

Elle sollicite le silence.

— La tension est palpable autour de moi. Alors qu'avez-vous sur la patate ?

Un homme entre deux âges lève la main. Elle l'invite à prendre la parole d'un signe de main.

— Jeanne, vous êtes trop conciliante, votre seul sourire est insuffisant face à ces brutes déchaînées. Il faut taper sur la table. Le meilleur moyen de se défendre est d'attaquer. Non !

Il cherche du regard l'approbation des présents qu'il obtient sans difficulté, car tous ont la même vision.

— Je comprends votre insatisfaction, je ressens vos craintes, mais sachez que ma perception du temps est différente de la vôtre, même si je suis certaine qu'on doit agir rapidement, mais pas dans la précipitation. Faites-moi confiance. Je vais vous donner lecture du communiqué qui sera remis à la presse.

« Après un débat avorté du fait de la seule volonté d'un clan malhonnête et dangereux par son refus de voir et d'écouter la réalité, je dis que je n'interviens pas dans le cadre d'une déclaration de guerre, mais avec l'intention d'alerter, d'expliquer, de convaincre de l'imminence d'un grave péril pour l'avenir de de l'espèce Contrairement à mes détracteurs, je ne défends pas un intérêt sectaire, mais purement et simplement celui de pouvoir disposer librement de mes dons et de mes bienfaits. J'exige de mettre un terme aux opérations de pillage et autres actes de violence qu'un groupe fait subir à la nature en toute impunité. J'appelle donc tous les individus habités par le bon sens qui ne peut être que naturel et non artificiel, à se placer derrière moi. Venez nombreux pour étoffer nos rangs. »

Une salve d'applaudissements marque l'approbation des participants. Le préposé à Internet lui retire délicatement le message des mains et part sans retard le diffuser aux agences de presse et l'envoyer sur le site de l'association.

Heureuse d'avoir mis du baume au cœur de ses fidèles soutiens, Jeanne revêt sa tenue de travail, et rejoint ses chèvres et ses fromages. Car, dans ces domaines, la nature doit respecter les rythmes qu'elle a, elle-même, fixés.

La bombe à fragmentation

Le communiqué fait le tour du monde à la vitesse de la lumière, se révélant une terrible bombe à fragmentation. Une chose est certaine, il y aura un avant et un après. En France et ailleurs, la violence des créateurs d'artifices et pilleurs fédérés est égale à leur mauvaise foi. Leur vacarme couvre aisément l'approbation des partisans de Jeanne ainsi que le silence d'une masse troublée et craintive. Celle-ci est confrontée à la peur des mesures de rétorsion de la nature et à l'angoisse de devoir abandonner un système économique fondé avant tout sur une consommation effrénée de biens déformés ou fabriqués. Le dilemme est d'importance.

Jeanne est bien consciente que son rythme d'évolution et la durée d'une existence sont inconciliables. L'homme vit dans une quête frénétique et instantanée d'un orgasme inatteignable alors qu'elle ressent un besoin de préliminaires tendres et persistants. Elle a le temps pour elle et lui doit se contenter de l'éphémère. Il compte en minutes et elle, en siècles. Ainsi soit-il !

Comment faire comprendre à sapiens que sa vie est éternelle à travers l'acte de la reproduction ? Il n'est que l'usufruitier de son existence et ses actions ne doivent pas se limiter à une jouissance immédiate et égoïste, mais à une projection des conséquences de ses agissements sur la nature, bien commun à tous les composants du genre humain. Ces interventions tendant a l'amputer de ses forces vives exigent une prise de conscience rapide avant que le cours des choses ne compromette le maintien des conditions de vie dans leur forme actuelle. Il revient au couple homme-nature d'œuvrer à remplir les modalités essentielles à la survie des règnes végétal, minéral et animal.

Le combat sera rude, les « artefactieux », comme elle nomme les fabricants d'artifices et les pilleurs, ne sont pas prêts à rendre les armes. Leur ego, poussé par l'appât du gain de capitalistes débridés et par la jouissance de soumettre les masses à leur pouvoir absolu, trouve son insatiable pitance dans des créations inutiles, voire toxiques, pour les consommateurs et mortifères pour les ressources naturelles qu'ils dilapident et violentent sans aucune retenue. Aveuglés par leur arrogance, ils ne se rendent même plus compte des dangers qu'ils font courir à l'humanité, Ils sont persuadés que leur capacité d'invention leur permettra d'échapper à l'apocalypse qu'ils préparent. Dans leur superbe, ils ignorent totalement les forces de la nature qui ont toujours su éradiquer les prédateurs lorsque la diversité des espèces était en danger.

L'homme doit comprendre que Jeanne exige de lui, en retour, la même compréhension et le même amour qu'elle témoigne à la vie depuis qu'elle a été engendrée. Elle cherche à l'avertir, à le convaincre, et n'entend pas agir par la menace.

Les artefactieux se déchaînent, utilisent à bride abattue tous les canaux de communication disponibles. Ils dénoncent, dans l'attitude de Jeanne Nature, les ferments de l'obscurantisme qui ramèneraient la civilisation à l'âge de pierre alors qu'elle est sur le point de s'affranchir de toutes les contraintes qui limitent sa propension à la liberté. Ils font semblant d'en être convaincus. Suivre Jeanne Nature conduirait à revêtir l'homme des oripeaux de ses ancêtres chasseurs-cueilleurs. Les inepties de la folle exigent une réaction rapide et adaptée des pouvoirs publics qui doivent d'abord lui retirer la parole et organiser hâtivement un procès pour la condamner au silence total et définitif.

Les partisans de Jeanne n'acceptent pas de laisser passer ce conglomérat de mensonges et de perfidies, et, surtout, ce recours à la justice considéré comme une déclaration de guerre qui augure mal d'un débat serein, indispensable compte tenu des enjeux en cause. Les menteurs et les tricheurs n'ont aucune légitimité à se draper dans le costume de victimes alors qu'ils sont les coupables. Il faut quand même arrêter de marcher sur la tête.

Le combat initié par Jeanne fait tache d'huile et beaucoup de pays soutiennent la création d'associations qui reprennent, en français, l'intitulé de la sienne. Son communiqué de presse considéré comme un détonateur est traduit en plusieurs langues et dialectes, et donne naissance à de nombreuses pétitions. En quelques jours, plus de cinq cents millions de signatures. Sont recueillies Jeanne Nature est en train de fédérer sur son nom des gens soucieux de l'avenir de la Terre, mais également beaucoup de contestataires qui utilisent l'argument de ces menaces pour exiger un changement complet dans le mode de répartition des richesses. Elle est bien consciente qu'une partie de ses partisans a une autre priorité que les atteintes contre la planète, celle simplement de subvenir à des besoins fondamentaux. Il est évident, à ses yeux, que leurs adversaires communs sont ceux qui pillent la Terre, fabriquent des nécessités artificielles pour asservir les masses et organisent les dysfonctionnements dans l'ordre politique des peuples pour mieux pouvoir les assujettir.

Pour faire bref et pour rester dans l'image de guerre que véhicule le débat, le groupe de Jeanne est dépareillé et mal équipé face aux artefactieux. Ceux-ci disposent d'une armée régulière bien encadrée, munie des moyens les plus sophistiqués et soumise à un commandement planétaire déterminé à vaincre.

Ça va chauffer et cela n'est pas bon pour les températures qui ne cessent d'augmenter. Les nuages s'amoncellent, mais Jeanne est partiellement satisfaite de l'évolution que prennent les choses. Elle se sent imbattable dans sa lutte pour sauver la nature, car il y va de la survie de cette Terre qui lui est si chère. Par contre, pour combattre les injustices que l'homme impose à ses semblables, elle n'a pas le mode d'emploi. C'est à lui de répondre à ce dilemme. En réunissant les conditions d'un changement.

Le bon sens contre la paranoïa

Les arguments du bon sens, tels que Jeanne tente de les utiliser, se révèlent un piètre rempart face à la folie du capital soutenue par les gouvernants qui voient, avec effroi, venir la plus grande catastrophe économique et sociale, annoncée par les cassandres.

Le délire atteint son paroxysme avec la diffusion de soi-disant documentaires qui ne sont que des montages grossiers sans la moindre once de pédagogie. Il s'agit avant tout d'informer le public sur les conséquences de l'effondrement du système financier sans jamais évoquer les problèmes bien réels de l'essoufflement de la nature et de ses retentissements sur l'humanité. Ce n'est pas un gouffre qui sépare les deux camps, c'est un océan de duperie savamment alimenté par ceux-là mêmes qui sont à la source du déséquilibre. Leur préoccupation c'est la croissance du profit et, pour rien au monde, ils n'entendent changer un iota à leur construction hiérarchique. Ils en sont convaincus, la nature doit se soumettre à leurs lois et accepter que leur esprit supérieur puisse, en toute impunité, se substituer à une matière fatiguée et décadente.

Jeanne sent les effets dans le camp de ses partisans. Les arguments de ses adversaires forment une chape de plomb qui se fige sur sa démonstration et donne à une majorité l'impression de se trouver à l'abri. Ils ne voient pas que ce couvercle risque d'accélérer le processus d'asphyxie de la planète. Bien sûr, ses géniteurs, les quatre éléments, auraient vite pu faire disparaître cet obstacle, mais elle refuse de joindre une quelconque menace à son action. Elle veut avant tout convaincre, semer la graine de la prise de conscience, qui germera en chacun jusqu'à obtenir un champ de raison qui recouvrira la quasi-totalité des surfaces de la Terre.

Les interventions de Jeanne deviennent un risque pour les puissants qui prennent des mesures appropriées. Elle est assignée à résidence, privée de téléphone et de télévision. Un cordon de sécurité est mis en place autour de son exploitation et les visiteurs autorisés sont triés sur le volet. L'attitude du gouvernement est critiquée dans le pays et, hors des frontières, Jeanne Nature est transformée en martyre malgré elle. Sur tout le globe, les ambassades nationales sont le théâtre de violentes manifestations et deviennent ainsi les premières victimes de la reconquête de la planète par dame Nature. Dans l'hexagone, la confrontation entre partisans et adversaires commence à perturber sérieusement la vie économique sous le regard attentif du marais qui n'a pas encore décidé sur quel pied il allait danser.

Il est urgent d'intervenir, l'ordre public est menacé. En conséquence, il revient à la justice de remplir rapidement sa mission, une fois n'est pas coutume. Un pôle de juges d'instruction est nommé et des moyens inhabituels sont mis à sa disposition, une cellule de crise est installée dans le sous-sol de l'Elysée. Le Président tient à montrer sa fermeté et sa détermination à ne pas s'en laisser conter par une petite paysanne aux facultés intellectuelles déficientes. Le procès, dont les détracteurs ajoutent perfidement en sorcellerie, doit débuter rapidement.

Le parlement, à une forte majorité, crée un nouveau délit ayant pour objet d'élargir le champ d'investigation du pouvoir judiciaire et être ainsi certain de pouvoir coincer Jeanne. En plus de l'accusation de mise en danger de la vie d'autrui et d'incitation à la violence, l'infraction définit « les atteintes inacceptables à l'ordre économique et social ».

La population mondiale matraquée par des médias de plus en plus phagocytés par la finance internationale commence à se lasser des discours apocalyptiques et de la tendance un peu trop marquée à vouer Jeanne aux gémonies. Le bouche-à-oreille renait, les meetings de toutes tailles poussent comme des champignons. Ils réunissent des gens du peuple qui ont su conserver leur esprit critique et leur liberté de discernement, des scientifiques qui reprennent du poil de la bête après avoir prêché dans le désert depuis des décennies et beaucoup de laissés pour compte de la société de consommation.

Dans chaque camp, on stocke la matière explosive dans des poudrières spontanées, reliées par une mèche commune : Jeanne.

La Terre entière retient son souffle, la moindre étincelle risque de provoquer la déflagration fatale. La pression est mise sur les pouvoirs politiques pour accélérer la procédure d'instruction et les préparatifs du procès. En urgence, la construction d'un immense zénith, qui servirait de tribunal susceptible d'accueillir les milliers de journalistes et le public trié sur le volet, est décrétée.

L'instruction du procès

Pour des raisons de sécurité, les juges d'instruction se déplaceront au domicile de Jeanne, les pouvoirs publics se révélant incapables de protéger la vie de l'accusée. C'est, dans cette affaire, la première démission de l'État. Pas vraiment une nouveauté, mais plutôt la consécration d'un mode de gouvernement effectif depuis plusieurs décennies. La deuxième est la désignation d'office d'une jeune avocate inexpérimentée alors que des ténors du barreau ont exprimé de l'intérêt pour le dossier de Jeanne. Les puissances économiques ont imposé cette mesure pour être certaines de balayer la défense de l'accusée tandis que leur dossier sera plaidé par les plus grands cabinets internationaux.

Jeanne toujours aussi sereine aménage son emploi du temps entre ses chèvres, la justice et son avocat dont elle attend prochainement la visite. Convaincue de la justesse de son argumentaire, épaulée par les quatre éléments, elle aurait vraiment pu vivre cette aventure avec joie et émotion si la situation n'était pas si tragique.

Quelle n'est pas sa surprise lorsqu'en plein milieu de son dîner, une jeune femme fait irruption dans la cuisine. Elle se présente :

— Valérie Bonnegraine, avocate.

Et elle lui tend la main.

— Vous pouvez m'appeler maître ou Valérie.

Jeanne l'invite à s'asseoir et à partager son dessert.

— Je suis heureuse de faire votre connaissance. Ne vous n'offusquez pas si je vous dis que je me sens de taille à me défendre moi-même. Je respecterai la procédure et exige de vous une parfaite loyauté. Je vous appellerai Valérie. Êtes-vous une spécialiste des problèmes liés à l'environnement et aux atteintes à la biodiversité ?

L'avocate ne répond pas sur-le-champ, tant elle est hypnotisée par l'intonation de la voix de sa cliente si douce et si puissante.

—N'ayez aucune crainte, je suis de tout cœur avec vous. Par contre, je ne suis pas spécialisée dans les atteintes à l'environnement, mais dans les accidents de la circulation.

Jeanne éclate de rire.

— Magnifique. Nous allons faire un bout de chemin ensemble, je suis sûre que nous saurons éviter toutes les chicanes et puis, en dernier recours, il est rassurant d'avoir une coéquipière à ses côtés. Je vous ressers du dessert ? Ma ligne d'attaque est simple. Depuis maintenant près de deux siècles, l'homme n'a cessé de piller les ressources jusqu'à provoquer un déséquilibre vital. Alors qu'il devrait louer les bienfaits de la nature, il abuse d'elle sans aucune retenue, totalement inconscient des conséquences de ses actes C'est exactement la déclaration que je ferai aux juges d'instruction qui viendront me questionner. Je les avertirai que j'en resterai à cette déposition et qu'il est inconvenant de vouloir faire subir un interrogatoire à la nature. Je garderai donc le silence jusqu'à mon procès.

Valérie se racle plusieurs fois la gorge avant de s'exprimer.

— Je prends acte de votre ligne de défense, mais elle m'apparaît, comment dire, simpliste. Vos arguments sont justes, mais sapiens s'est habitué à un modèle économique qu'il semble difficile de délaisser sans un certain temps de préparation.

— La nature est l'espoir de l'espèce humaine, elle a su, depuis des millions d'années, lui offrir les conditions d'une évolution remarquable. Mais un grain de sable a grippé le processus, elle ne s'est plus faite avec les éléments, mais contre eux. La conséquence, c'est la recherche éhontée du profit, facteur de déséquilibre en faveur de constructions artificielles qui menacent tout l'édifice Le vivant est sa raison d'être, elle n' est pas là pour endiguer son propre flot, mais alerter la population qu'elle est en train de commettre l'irréparable. Du temps lui sera accordé, c'est évident, la pression sera modérée et supportable à condition qu'il revienne, dans des délais raisonnables, à la relation respectueuse que ses ancêtres ont nouée avec elle.

— Chère Madame, vous n'avez peut-être pas encore perçu l'hystérie médiatique et économique qui étouffe votre message. C'est votre décès qui est demandé sous une forme à définir, car, officiellement, la peine de mort a été abolie. Ce que vos adversaires souhaitent avant tout, c'est de vous réduire au silence. Vos propos sont un danger pour leur business lucratif. Par leur capacité à créer de l'illusion, ils ont jeté un mauvais sort à l'humanité. Permettez-moi d'émettre un doute quant à vos probabilités de contrer leur influence.

— Sachez, Valérie, que j'aurai le dernier mot, que l'espèce décède à terme naturellement ou bien prématurément par accident. J'ai l'impression que vous voulez vous faire l'avocat du diable. Je ne suis pas touchée par les sornettes de mes prédateurs. Je constate simplement que, siècle après siècle, millénaire après millénaire, j'ai évolué pour donner à la vie, en perpétuel mouvement, des conditions favorables à son existence. Tout ce que l'homme est devenu et tout ce qu'il possède, il l'a reçu de moi sans l'ombre d'un artifice. Voilà la réalité, je ne peux malheureusement que me répéter et ne pourrait tenir d'autres propos devant le tribunal.

Elle reste silencieuse :

— Le soleil s'est couché depuis un moment, je sens la fatigue m'envahir. Pardonnez-moi si je mets un terme à notre entretien. Entre l'apparition et la disparition de l'astre je suis à votre disposition n'hésitez surtout pas.

Jeanne raccompagne Valérie jusqu'à la sortie, spontanément elles s'embrassent.

Vidéoconférence avec les quatre éléments

Jeanne fait le tour de la question. Les réactions de l'homme confirment qu'il vit dans l'extrême court terme et qu'il n'est pas disposé à abandonner la satisfaction immédiate de ses besoins, quitte à condamner les générations futures à survivre dans une nature devenue hostile, suite à leurs comportements égoïstes. Elle rejoint sa chambre et sort son miroir en métal qui la relie directement aux quatre géniteurs. Après les salutations d'usage, elle leur fait un rapport des événements qu'elle a connus depuis son installation à la ferme.

Elle hésite un instant à leur faire part de ses impressions. Ils enregistrent et déchiffrent aussitôt ce flottement. Ils lui rappellent que, par essence, ils ne sont pas prédisposés au compromis. Pour eux, lorsque les conditions sont remplies, ils jouent leur partition, que ces situations soient naturelles ou le résultat d'interventions de sapiens. S'ils ont décidé d'envoyer leur fille sur Terre, c'est bien justement parce que on leur force la main en provoquant des déséquilibres qui leur enlèvent leur souveraineté et perturbent les règles immuables.

Jeanne perçoit les vibrations que ses interlocuteurs émettent. Elle se sent toutefois obligée d'ajouter que les responsables des dysfonctionnements ne sont qu'une minorité puissante qui agit avec des méthodes contestables sur des foules acquises à leurs théories. Leur intervention violente risque de punir plus les victimes que les coupables, lesquels ont les moyens de s'abriter momentanément. Elle comprend rapidement pourquoi elle a hésité à tenir ces propos.

La réponse est brutale, les éléments n'ont que faire des bons ou des méchants, du bien ou du mal. Ils constatent simplement l'ébauche d'une stratégie de destruction d'une œuvre qu'ils considèrent comme inaltérable et que l'homme ose remettre en cause, aveuglé par un orgueil qui dépasse tout entendement. Leur conclusion est sans appel.

— Nous rétrograderons Sapiens s'il persiste à bafouer les règles naturelles que nous avons établies. Fais au mieux, fille, le temps presse, il ne joue pas en sa faveur.

Jeanne sent son sang se figer dans ses artères, comme si un iceberg s'était placé à la sortie de son cœur. Elle voudrait bien invoquer le soleil pour briser la glace. Elle a besoin de toute son énergie pour continuer le combat pour cette Terre qu'elle aime tant et pour tous ces gens qui lui font confiance, mais elle sait qu'elle ne peut semer la zizanie entre les éléments.

La procédure d'instruction suit son cours

Jeanne, privée de moyens de communication, est tenue informée de l'évolution de la procédure par son avocate et sa garde rapprochée. Les choses vont bon train, les juges d'instruction, dans l'incapacité de lui faire compléter sa déposition, ont renoncé à venir l'interroger.

Après moult débats et palabres, les pouvoirs publics, dans un souci de gain de temps, abandonnent la construction d'un tribunal pharaonique susceptible d'accueillir des milliers de personnes et se replient sur un projet moins coûteux, mais, surtout, beaucoup plus rapide à monter. On élèvera, sur le Champ-de-Mars, un immense chapiteau pouvant contenir jusqu'à cinq mille spectateurs et, dans chaque ville de plus de cinquante mille habitants, l'État mettra des écrans géants à la disposition des collectivités. L'investissement est à la hauteur du défi, car c'est bien un choix de société qui est soumis au tribunal, soit un retour à l'âge des cavernes, soit une vie encore meilleure dans un monde d'oisiveté géré par l'intelligence artificielle. Ce discours officiel, diffusé par les gouvernements, fait l'objet d'analyses plutôt caustiques de la part des observateurs. Un bloc de moins en moins passif dénonce la mauvaise foi et le parti pris d'une fraction importante de politiciens, de l'intégralité des pouvoirs économiques et financiers, ainsi que la non-intervention des intellectuels.

Cette pratique de la duperie par les artefactieux irrite sérieusement Jeanne, c'est d'ailleurs l'unique sujet de conversation avec son avocate. Malgré toute sa bonne volonté, son défenseur semble dans l'incapacité d'épouser totalement la thèse de sa cliente. Une mise au point s'impose.

— Valérie, mes arguments ont du mal à prendre racine dans votre projet de plaidoirie. Ils sont cependant simples et de bon sens. Imaginez-vous naufragée sur une île sur laquelle vous allez trouver, par exemple, des poules et des arbres dont certains sont fruitiers. Si vous décidez de tuer les volailles pour manger et de couper le bois pour vous chauffer, vous risquez de mourir de faim au bout d'un certain temps. Si, au contraire, vous laissez les volatiles se reproduire et pondre des œufs, si vous ramassez les branches séchées et sélectionnez les arbres qui ne donnent pas de nourriture, vous pourrez survivre beaucoup plus longtemps.

Elle répond à Jeanne sur un ton malicieux.

— J'entends vos arguments, ils sont sensés et je les accepte, mais la technique peut venir à mon secours et me permettre d'appeler de l'aide grâce à mon téléphone. Pour être honnête, je dois ajouter qu'il faudrait que mon portable ait échappé au naufrage et que, sur l'île, j'aie du réseau.

Elle sourit et garde le silence. Jeanne a raison, mais ne simplifie-t-elle pas trop la situation ? Allez ! Elle se lance.

— Vous affirmez que vous êtes soumise aux éléments et, quand, je vous cite, « les conditions sont remplies, alors les phénomènes naturels se produisent ». Mais l'Homme est tout aussi dépendant de son environnement culturel. Je constate qu'après avoir été asservi aux forces naturelles pendant des millénaires, l'Homme a cherché un équilibre entre ces deux composantes de la vie. Je vous concède qu'aujourd'hui, le processus s'est détraqué aux dépens du facteur naturel et que les générations récentes en sont les cobayes. Avons-nous le moyen d'y échapper ?

Jeanne hoche plusieurs fois la tête, ce qu'elle vient d'entendre la laisse pensive et, surtout, elle se sent agressée par le terme « asservi », utilisé par Valérie.

— Je n'ai pas pour vocation originelle d'enchainer ! Vous faites un amalgame entre domination et dépendance. L'homme fait partie intégrante de la nature, au même titre que les autres. Le sentiment de supériorité qu'il s'est arrogé est usurpé ! Il a des exigences que moi seule peut satisfaire. Pour que je puisse remplir ma mission, j'ai besoin d'eux qui sont au service de toutes les espèces et sans lesquels il ne saurait y avoir de vie, au moins sur la Terre. Vouloir ignorer le lien entre l'existence et eux,est un montage idéologique que j'assimile à un suicide. Ceux qui vous font croire qu'ils vont les remplacer, vous mentent. Votre réaction témoigne de la fracture de votre génération avec moi. C'est terrible, on vous a inculqué que la technologie peut prendre ma place et vous avez l'air persuadée que vous pouvez vivre sans et hors d'elle. Je vous le dis sans animosité et plutôt avec tristesse, vous êtes dans une erreur mortelle. Aucun procédé ne pourra produire l'oxygène nécessaire à la respiration des milliards d'êtres humains et sachez aussi que la mise au point de nouveaux objets, à la finalité discutable, est dépendante des matières premières limitées. Par contre, si vous apprivoisez les énergies renouvelables et me respecter, alors votre futur sera de nouveau dégagé. Par essence, je suis généreuse, je donne ce que je possède, sans compter. À vous de vous en contenter.

Valérie, confuse, baisse la tête.

— Excusez-moi, il est difficile d'admettre que le discours dominateur, l'organisation même de la société sont les manœuvres de charlatans avec la complicité des pouvoirs politiques et économiques. Reconnaître que plusieurs générations ont été abusées nécessite une motivation puissante pour entreprendre un retour aux sources. Je vous promets de mettre tout en place pour vous assurer une défense honorable.

Jeanne prend Valérie dans ses bras et la presse très fort contre elle

— Je n'en doute pas, mais chaque chose en son temps. Au fait, où en sont les travaux d'élévation du chapiteau ?

— Ils avancent à vitesse grand V.

— Tant mieux, j'ai hâte que le procès commence. Allons-nous reposer.

Seule, Jeanne constate le gouffre entre la perception de la nature par cette jeune femme et les propos de ses composants :

« Quand les conditions sont remplies, alors l'événement se produit. »

Comment faire comprendre à ces générations imprégnées de techniques nouvelles qui les coupent de la réalité qu'ils font partie d'une biodiversité indispensable à leur survie ? Ce leurre risque de provoquer une réaction brutale des éléments. L'homme, habitué à faire confiance au progrès, se verrait propulser dans un univers avec lequel la cohabitation avec eux se révélerait beaucoup plus difficile. Un cap douloureux, voire vital, se dresserait devant lui comme un mur infranchissable.

Comment en est-on arrivé à cette situation ? Pour quelles raisons l'homme a-t-il pu s'affranchir ainsi des cycles naturels et s'imaginer que, bien qu'enfanter par la nature, il peut la mépriser et, au-delà, en abuser et la piller sans retenue ?

Qui a inoculé à sapiens ce virus de l'ignorance et de la destruction ? Qui manipule ces agitateurs qui veulent devenir créateurs à la place du Créateur à travers une pseudo science ? Une inconscience totale, voire une folie profonde, les conduit à subordonner la nature à l'artifice, tout en ayant besoin de ses ressources pour réaliser leurs funestes desseins. Ils ont osé le sacrilège, attaquer les fondateurs de la vie. Le déséquilibre qu'ils ont provoqué leur reviendra à la figure comme un boomerang.

Jeanne est prête au combat avec la certitude qu'à terme, les éléments vaincront parce qu'ils feront usage de leur immense force et qu'en plus, ils sont maîtres du temps. Au final, ce sera à l'homme de s'adapter, une fois de plus.

Plus la date de l'ouverture du procès approche, plus les fronts se tendent et plus la population retient son souffle. Chaque camp fourbit ses armes tandis que le marais s'incruste dans le silence. Avec l'espoir de devenir fossile ?

Ouverture du procès

Le procès s'ouvre sous un ciel radieux et une température clémente et, heureusement, parce que les files d'attente de journalistes et du public s'étendent sur des centaines de mètres. Il faut des heures avant que le gros de la troupe accède au chapiteau agréablement climatisé. Les recalés essayent de rentrer en force, mais en vain, car l'impressionnant service d'ordre a vite fait de chasser les récalcitrants.

Avant même de commencer l'audience, le président use de son maillet pour tenter d'obtenir le silence. Le calme étant enfin revenu, il menace l'assistance d'évacuation au cas où les débats ne pourraient se tenir dans la sérénité.

Un bruit de fond s'installe quand Jeanne apparaît. Vêtue de tous les attributs de la nature, lumineuse comme un soleil à mi-course, elle rassemble sous son sourire la totalité de ses pèlerins. Elle salue la foule, ses mains bougent dans l'air comme la caresse d'une mère à ses enfants. S'ensuit un tonnerre d'applaudissements la toile du chapiteau vibre, l'onde se propage au tréfonds de chacun. La main du

Président crispée sur son maillet fait des allers et retours, mais seul le mouvement est perceptible.

À son initiative, Jeanne s'assoit et, comme par enchantement, l'agitation cesse.

Le magistrat lui demande alors de décliner son état civil.

— Jeanne Nature, de sexe féminin, née sous X de parents inconnus à une date difficile à déterminer, profession, veiller au bien-être de tous ses enfants.

Les rires se mêlent aux sifflets, c'est le début d'une symphonie inachevée, marquée du sceau de la cacophonie. Jeanne place un doigt sur sa bouche, ce geste impose de facto l'arrêt des hostilités.

Le greffier en profite pour lire le bref acte d'inculpation sur un ton monocorde.

—La prévenue est accusée de remettre en cause l'ordre économique et social établi, par des propos irraisonnés violents et des arguments infondés. Les juges d'instruction ont considéré comme indispensable de faire évaluer son état psychique, estimant que les facultés mentales de Jeanne Nature pouvaient laisser envisager une inconscience totale. Les experts psychiatriques désignés ont conclu, à l'unanimité, qu'elle présentait des symptômes inconnus, impossibles à interpréter. Ils avouent être dans l'incapacité de se prononcer sur une éventuelle altération de la responsabilité de l'inculpée.

Jeanne répond par un geste agacé que reprend sa jeune avocate, puis elle demande la parole.

— Monsieur le président, je ne peux laisser passer les propos qui viennent d'être tenus sans m'inscrire en faux. La nature que je représente ici, car c'est bien elle qui est dans le box des accusés, est immémorialement l'unique source d'existence. Son évolution permanente sous l'impulsion des quatre éléments a conduit au développement du genre humain dont la dernière mouture « l'Homo sapiens est censé partager ces ressources avec une multitude d'espèces. Personne ne peut contester que la vie se transmet par un processus naturel, que l'homme ne survit que grâce à sa générosité, sans faille, qui, depuis l'aube des temps, le nourrit, lui fournit tous les ingrédients pour se vêtir, se chauffer, se loger, se soigner, se défendre et, hélas, fournir aux fabricants d'artifices les richesses de la terre qu'ils exploitent sans soucis des répercutions sur les générations futures. J'estime mériter plus de respect, de reconnaissance et, surtout, plus d'attention. Il revient à Sapiens, s'il veut être digne de son appellation, de retrouver le chemin que je leur offre et d'abandonner des voies pernicieuses qui, à court terme, provoqueront sa disparition. Les agressions à répétition, les pillages doivent immédiatement cesser, les idéologies vides de sens doivent être combattues. Elles promettent une existence meilleure, fondée sur des artifices qui n'apportent pas une seule once de bonheur à l'individu. Au contraire, ils l'enferment dans un mode de consommation aux antipodes des périodes de liberté que Sapiens a connues et dont, au fond de lui-même, il a toujours la nostalgie, même si la contrepartie était parfois rude. Tant que j'en aurai l'énergie, je n'accepterai pas que les offenseurs, les pilleurs et les menteurs abusent de moi sans impunité. À bon entendeur, salut.

Les partisans de Jeanne se font entendre, les journalistes et le public s'en mêlent. Le président ne parvient pas à rétablir le calme. On frôle le big-bang. La séance est suspendue jusqu'à une date ultérieure.

Pro et contra

La déclaration de Jeanne est considérée comme la réapparition d'une source de bon sens qui va dépolluer l'ensemble des arguments mensongers. Il faut sur-le-champ arrêter le massacre pour bénéficier immédiatement des bienfaits de la résurgence et, surtout, pour cesser de manquer de respect et d'amour à cette nature bienveillante. Spontanément, des fêtes sont organisées pour remercier Jeanne d'avoir fait prendre conscience à l'homme des liens inaltérables et de l'état d'interdépendance qui l'attachent à là leur mère nourricière, mais également pour s'excuser des mauvais traitements qu'elle a subis.

« PLUS JAMAIS CELA » devient le slogan planétaire des partisans de Jeanne. Redonnons-lui la place centrale qui est la sienne et qu'elle n'aurait jamais dû perdre, réapprenons à vivre en osmose avec elle.

Les adversaires de Jeanne répondent par un tintamarre anxiogène, relayé par une majorité des médias et par des déclarations gouvernementales. Celles-ci se contentent bien souvent de reprendre in extenso les messages cataclysmaux de ceux qui, à tout prix, ont décidé de continuer à l'outrager et à soumettre cette mélancolique matière à leur esprit bienfaiteur sur le point de libérer l'humanité des contraintes naturelles pour l'éternité. Pour eux, le tsunami scientifique va ouvrir une ère de liberté et de prospérité que jamais l'homme n'a connue. Renoncer au progrès serait une erreur inexplicable. Les chercheurs, les inventeurs vont sauver le monde. Qu'on les laisse faire ils éviteront la catastrophe annoncée

L'attitude schizophrénique de ses adversaires est combattue par les partisans de Jeanne qui raillent la propension de leurs antagonistes à programmer la construction de véhicules de pompiers alors que les feux se sont déclarés un peu partout, à leur initiative. L'heure n'est plus aux inventions artificielles, mais au rétablissement de ses droits qui éviterons à Sapiens de surseoir à sa disparition à travers sa dissolution dans des machines.

La période d'interruption du procès est perturbée par la mobilisation alternée des deux camps. Un jour, les partisans de Jeanne occupent l'ensemble des axes routiers menant au chapiteau. Le lendemain j, c'est la totalité des transports en commun qui se met en grève. Un vrai capharnaüm. En réplique à cette anarchie, les créateurs d'artifices décident un lock-out général, lequel est, en fin de compte, un aveu de faiblesse puisqu'une grande partie des salariés ne peut rejoindre leur poste de travail.

Ce mouvement est immédiatement suivi d'un matraquage médiatique expliquant le coût économique et les conséquences sur la croissance de ces manifestations irréfléchies. Comment les actifs dont les emplois sont menacés par les appels au secours de Jeanne vont-ils pouvoir honorer leurs traites ? C'est la misère assurée !

Et le procès reprend

Enfin, les premiers témoins sont invités à comparaître. Ceux cités par la défense s'en tiennent aux principes et rebondissent immédiatement sur le concept de croissance qui consiste à polluer et à racketter toujours plus la planète. Ce n'est pas de l'enrichissement qu'il faut, mais, pour commencer, un air plus respirable et des ressources naturelles gérées dans la durée pour donner aux générations futures les moyens de survivre.

Pour leurs adversaires, balivernes que tout cela. La nature va être mise au pas et sera sommée d'obéir, sinon ce sera le chaos et la fin de la société de consommation.

Un troisième groupe plus synthétique trouve qu'effectivement, sur l'utilisation des ressources naturelles, Jeanne a raison Cessons de consommer à outrance et revenons à une administration qualitative et quantitative des moyens mis à notre disposition qui nous permettront de subvenir à nos besoins élémentaires. Cette nouvelle attitude lui donnera la capacité de se régénérer. Toutefois, compte tenu des enjeux économiques, il est important qu'elle comprenne que ce nouvel équilibre ne pourra intervenir que progressivement.

Le camp des artefactieux réplique sur un ton acerbe et insiste sur la régression de l'homme et son retour brutal à l'état de Cro-Magnon.

Jeanne, au contraire, est prête à laisser un peu de temps au temps à condition qu'un calendrier satisfaisant commence à s'appliquer sans retard.

Les démolisseurs de la nature se préparent à faire feu de tout bois, la déforestation ne leur a jamais posé de problème. Leur slogan est *clair* :

« Si vous suivez Jeanne Nature, vous plongez immédiatement dans l'apocalypse ; si vous faites confiance aux experts et aux inventeurs en leur donnant encore quelques années, ils vous assureront, ainsi qu'à vos enfants, un avenir meilleur pour des millénaires. Entre la radoteuse au cerveau momifié et les forces vives et intelligentes du monde entier, il y a une irréductible fracture. À elle, le chaos, à nous, l'espoir. »

Les partisans de Jeanne sentent bien que les arguments de leurs adversaires commencent à faire mouche, non pas qu'ils reposent sur des bases scientifiques, mais essentiellement sur la peur. Ce sentiment incommensurable qui habite l'espèce animale et son dérivé humain est suffisamment chevillée au corps de chacun pour altérer ses capacités intellectuelles et freiner toute attitude courageuse. Doucement, la masse se réfugie dans un silence pesant. Qui ne dit mot consent.

Ce n'est pas la stratégie de Jeanne. Elle ne vient faire aucune promesse, elle n'est pas dans l'ignorance de la réalité qui exige des mesures graduées. Non, elle ne programmera pas des lendemains enchanteurs. Tant qu'il y a de la vie, il y a de l'espoir. Mais l'existence qu'elle défend est une conception ancestrale fondée sur la fusion d'éléments, ayant fait leurs preuves, avec la nécessité d'un progrès humain qui recherche un mieux-être sans saccager la planète. Elle souhaite protéger ses enfants d'un futur superficiel, coupés de leurs racines qu'une bande d'ignorants arrogants impose à des masses asservies à une intelligence dite artificielle.

La liste des savants désignés par ses adversaires est tellement longue que le président déclare qu'il faudrait des années pour assécher la source des contradicteurs et décide unilatéralement de choisir les trois premiers noms enregistrés sous chaque lettre de l'alphabet. Valérie surenchérit en demandant que la prise de parole de chacun soit limitée à cinq minutes, pour les deux parties. Après une interruption de séance de plus de deux heures, il a été décidé que chaque point abordé donnerait droit à quinze minutes de plaidoirie à partager équitablement entre l'accusation et la défense.

Les premiers témoins des artefactieux sont écoutés dans un silence quasiment religieux, puis l'attention faiblit, et pour cause, les arguments manquent sérieusement de fondements scientifiques. Quant à la finalité de l'avenir de l'homme, elle n'est même pas évoquée. Devant la tournure des événements, Jeanne et son avocate décident de ne pas répliquer après chaque question, mais de classer les sujets abordés ou plutôt les invectives, voire les insultes, par catégories et d'y apporter la contradiction.

Attaquée sur son refus d'accepter les progrès de la science et de vouloir maintenir sapiens dans l'état d'esclavage dans lequel elle l'aurait formaté, Jeanne, irritée par ce flot de mensonges, demande la parole ;

— Devant tant de mauvaise foi, les bras devraient m'en tomber, mais c'est sans compter sur mon énergie. Je dois, avant tout, vous rappeler que le rapport au temps n'est pas le même pour la nature et pour le genre humain et que, si vous n'intégrer pas cette donnée essentielle, il ne pourra y avoir de compréhension réciproque. Pendant des millénaires, les espèces ont accepté la règle et les ingrédients fournis pour vivre avec. C'est bien parce que la terre a été généreuse que les individus ont survécu. Non seulement elle les a nourris, soignés, mais, concomitamment, elle a élaboré un processus de développement de son intelligence, à partir duquel de nombreuses améliorations seront apportées à son quotidien. Et puis, subitement, il s'est emballé. La création d'appareils capables d'amplifier la force de chacun a conduit à des agressions brutales contre la planète mais surtout contre l'homme lui-même, contraint de devenir le complice d'une poignée d'exploiteurs dépourvus de toute conscience et de tout sens de responsabilité, bien décidée à piller la nature, à asservir l'autre encore plus, voire à le détruire, au profit d'un montage consacré à transformer l'Homo sapiens en une machine soumise.

Mais regardez ce que vous avez fait a fait avec le charbon et le pétrole, des énergies qui ont mis des millénaires à constituer. Eh bien, en à peine deux siècles les réserves ont fondu comme neige au soleil et maintenant ces grands esprits veulent nous faire croire que les matières premières nécessaires aux fabricants d'artifices seront éternelles alors que dans leur aveuglement et leur arrogance ils ne veulent pas admettre que ces ressources seront épuisées avant qu'ils n'aient réalisé leurs rêves de folie.

Plutôt que de bâtir des châteaux en Espagne, je leur dis : « Employez votre intelligence et vos talents à purifier l'air, à réduire le réchauffement climatique et à procurer à chaque individu une nourriture saine et en quantité satisfaisante. Par cette démarche, vous assurerez aux générations futures un avenir meilleur et vous tranquilliserez la nature sur vos intentions et votre capacité à renouer avec elle des liens étroits pour les millénaires à venir. Je le déclare solennellement, je suis en totale opposition avec cette tendance qui tend à me mettre sur la touche en ignorant les réalités. Les matières premières indispensables à cette révolution, moi, Nature, je ne les fournirai qu'avec parcimonie et sur un laps de temps très court.

Le bouquet…

À la reprise du procès, l'argument massue est élaboré par le consortium d'avocats défendant les fabricants d'artifices. Dans de magnifiques effets de manche les Maîtres déclarent que « c'est grâce au développement de l'intelligence de Sapiens, faculté qu'il détient des sources de vie, que le bouquet d'inventions des deux derniers siècles a été un facteur de progrès et de bien être pour l'espèce humaine et qu'il est enfin venu le temps de la mettre la nature face à ces contradictions. Ce limpide argumentaire provoque une ovation digne d'une arène romaine. Le pouce allait-il monter ou descendre ?

Valérie, livide, muette comme absente, n'entend point les harangues du président à répondre à la charge de ses confrères. Jeanne n'est pas surprise, elle sort de son sac une feuille de papier qu'elle invite Valérie à lire, dès qu'elle aura retrouvé ses esprits.

— Monsieur le président, pendant des millions d'années, de nombreux animaux ont cohabité en totale interdépendance avec la nature. Celle-ci donnait et les bénéficiaires prélevaient selon leurs besoins pour limiter un développement anarchique. La mutation, qui est l'essence même de la vie, a débouché alors sur une espèce aux proportions démesurées, qui s'est imaginé pouvoir mettre la terre en coupes sombres, ne laissant subsister que des variétés minuscules. Il est vrai qu'elle a pris un certain temps pour réagir, mais, comme vous le savez, elle a son propre décompte. Sa réponse a été violente et brutale sous la forme d'un astéroïde qui a détruit à tout jamais les sources de déséquilibre et de perturbation. Et les changements ont recommencé pendant des millions et des millions d'années jusqu'à aboutir au Sapiens qui nous concerne aujourd'hui. Monsieur le président, mesdames et messieurs, le mouvement, l'évolution, la mutation sont sa marque de fabrique qui naît de la confrontation de forces divergentes censées assurer sa stabilité. Il peut arriver que des groupes minoritaires prennent le contrôle du processus de dérégulation du fait de la faiblesse ou de l'incapacité d'une majorité divisée. Cela a été le sort des dinosaures, c'est celui des malades et le destin des vivants. Le virus de destruction existe depuis l'origine. Tout être est programmé pour mourir, mais il revient exclusivement à la nature d'en fixer l'échéance. L'espèce qui se dresse contre elle, a fait et fera l'objet d'un sévère rappel à l'ordre. C'est pour éviter cette réaction violente que Jeanne vous invite à composer dès maintenant avec elle pour contrecarrer les effets néfastes des fabricants d'artifices et des pilleurs afin de renouer avec une attitude respectueuse et reconnaissante. Ces cerveaux puissants, au lieu de détruire, devraient utiliser leur intelligence et leurs capacités financières pour permettre à chaque individu de manger sainement, de respirer un air purifié et de partager équitablement les ressources entre l'ensemble des hôtes de la planète et les générations à venir. Sur un ton cynique, ils veulent que vous croyiez que la nature a formaté les aptitudes de l'homme pour lui permettre de faire les découvertes qui vont mener à votre perte. Elle reconnaît qu'elle a déposé, en germes, dans l'esprit humain la possibilité de se développer. Sapiens n'a que peu de mérite dans la réalisation de ses inventions. C'est surtout grâce au jeu de pistes qu'elle a placé sur son chemin qu'il a trouvé une réponse à ses interrogations. S'il a pu donner corps à ses découvertes, c'est bien parce que la nature a mis à sa disposition les matières premières indispensables à leur fabrication. Quel aurait été le devenir du moteur à explosion si les ressources en énergie fossile n'avaient pas été réservées après des siècles, des millénaires de transformation ? Il en est de même pour l'ensemble des composants utilisés dans l'intelligence artificielle. Un peu d'humilité, Messieurs !

Le débriefing

Valérie a lu la note de Jeanne sans avoir le temps d'en apprécier le contenu. Après l'audience, elle s'en ouvre auprès de sa cliente.

— Pour moi qui suis de la génération des réseaux et d'Internet, je vous avoue que les termes que vous avez utilisés me rappellent les hiéroglyphes. Toutes ces références à l'évolution de la vie sur Terre dans un cadre d'interdépendance et d'équilibre entre les principales espèces ne m'interpellent pas. La technique est à ma disposition, je ne me pose pas de questions sur le pourquoi, mais simplement sur la façon de l'employer au mieux. J'ai bien entendu parler du réchauffement de la planète et des conséquences qui en découlent, mais je considère ces messages comme des alertes sans relation concrète avec mon quotidien. J'ai aussi lu les appels à protéger et à défendre la planète, mais, pour moi, cela n'est que bavardages de marginaux ou de scientifiques amers cherchant à se faire de la publicité.

— Valérie, tu es complètement déconnectée de la nature. Par quel lavage de cerveau a-t-on pu te séparer de tes racines ? Elles continuent de t'irriguer bien après la coupure du cordon ombilical. Je suis désespérée de constater cet abime. Dis-toi bien qu'il n'y a pas de vie hors du cadre mis à votre disposition, mais que l'on peut facilement envisager une existence sans artifices. Je désigne ainsi un objet, un concept vide de tout sens, présentant le grave danger d'altérer les facultés qui ont permis à tes ancêtres de franchir les barrières du temps. Il ne faut surtout pas faire l'amalgame entre les gadgets et le progrès dû à l'observation et à l'intelligence de sapiens qui peut, par contre, se heurter au principe de limite des ressources naturelles. Il est nécessaire de s'interroger sur la croissance exponentielle du nombre de bouches à nourrir sur Terre et sur la propension de la planète à offrir à chacun une nourriture saine et abondante. L'illusion de l'homme à se croire capable de surmonter tous les problèmes pourrait bien devenir le moteur de sa perte. Il a une fâcheuse tendance à vivre selon la solution dite de facilité. Cela a commencé quand il a abandonné sa tâche de chasseur-cueilleur pour être sédentaire et s'asservir. De cette époque, pour moi toute proche, il a conservé cette nostalgie de la liberté et ce ne sont pas les artifices qui lui permettront de revenir à cet état primitif. Aujourd'hui, le futur peut s'envisager que dans le respect des capacités de la nature. L'absence d'osmose avec elle condamne l'homme.

L'avocate garde le silence. Les propos et, surtout, le regard de Jeanne l'interpellent, la secouent. Ce discours n'est pas une menace, c'est autre chose, c'est l'appel au secours d'une mère éplorée dont les enfants dilapident le capital sans se soucier des conséquences que cela aura sur leur lendemain. Elle crie son désespoir, mais le tintamarre savamment entretenu par les destructeurs rend ses protestations inaudibles.

— Madame Nature, n'est-il pas déjà trop tard ? Les dommages que vous avez subis sont-ils irréversibles ?

Jeanne lui saisit les mains et elle sent soudain tout son être gorgé d'énergie.

— La nature est fortement esquintée, mais si l'homme cesse d'en abuser et reprend la route d'une union équilibrée avec elle, alors les séquelles s'estomperont avec le temps. Après l'avoir sacrifié, il doit renoncer aux artifices pour revenir à une vie plus pure, dans un premier temps, moins confortable, mais plus enrichissante au point de vue des sens et du bonheur au contact de sa beauté et de sa générosité. Sapiens malade de son mode d'existence doit commencer une lourde thérapie pour arriver à la guérison et retrouver le chemin de la raison. S'il refuse de se faire soigner, de prendre en mains son futur, s'il se laisse manœuvrer par un ego envahissant, alors il devra se résigner à accepter la disparition progressive de son espèce. Tous les plans sur la comète d'experts, plus savants les uns que les autres, se heurteront au diktat de la nature. Elle doit expliquer à l'homme que son destin est intimement lié aux éléments qui la composent. Chaque jour qui passe pendant lequel il fait la sourde oreille à ses cris de détresse est un pas de plus vers le précipice. Peux-tu ressentir la douleur d'une mère qui voit ses enfants addicts à l'automutilation ? Je suis désespérée, d'autant plus que mes géniteurs qui ne connaissent pas, comme moi, l'état d'âme et agissent toujours dans un cadre d'une profonde neutralité auront des réactions violentes dont mes petits vont pâtir.

Les quatre éléments

L'avocate reste longtemps silencieuse. Elle ne saisit pas bien le rôle des quatre éléments. Il est indispensable que sa cliente traduise sa pensée. Elle lui en fait expressément la demande.

J'admets volontiers que mes propos peuvent te troubler. Pendant des millénaires, l'homme a vécu en osmose avec la nature et ses substances constitutives. Il a d'abord appris à les examiner avec une intelligence et un ressenti affûtés et, ensuite, à déduire de ses observations les conséquences logiques qui en découlaient. C'est ce jeu de piste que j'évoquais précédemment. Il ne lui a pas échappé, dès le début de ses constatations, que le mouvement est la caractéristique prédominante de la configuration des éléments. Il y a deux sortes de changements : les réguliers, comme les saisons et la durée des journées, et les irréguliers, dont les courants sont la source principale. Certains hominidés, à la sensibilité plus affinée, dotés d'un don d'observation plus aigu et aux sens mieux développés, pouvaient prédire les modifications de temps avec une marge d'erreur relativement réduite.

Ceux-là, bien entendu, ont pris un ascendant sur leurs congénères qui en ont déduit, un peu rapidement, que ces oracles devaient avoir un lien intime avec les éléments. Ces spécialistes se sont bien gardés d'initier les profanes à leur science et les ont laissés dans une foi qui leur était profitable.

— Vos propos m'inspirent les prémices d'un phénomène religieux. Ce que nous nommons Dieu serait-il à l'origine du mouvement ? Dans cette hypothèse, le principe de neutralité des éléments serait contestable, puisque soumis à une autorité suprême. Or, j'avais pensé comprendre que le changement est quelque chose d'inéluctable, non dominé par un pouvoir indéterminé ?

— Je vais peut-être te décevoir, mais autant moi que mes concepteurs n'ont en rien participé à l'émergence de divinités. Il s'agit, en l'occurrence, d'une illusion projetée par des esprits, certes bien attentionnés, mais quelque part liés aux cercles du pouvoir temporel. Ces esprits ont constaté que certaines peurs, que j'aurais inspirées à leurs congénères, se dissolvaient dans le phénomène de sédentarisation. Ils ont décidé, en conséquence, de créer un produit de substitution pour maintenir sapiens dans une forme de soumission. C'était le premier artifice : « Moi, le puissant, je te protège des assauts de la nature, mais, surtout, je m'engage à te défendre contre les attaques des autres hommes. En contrepartie, tu me devras une obéissance totale. »

— Vous êtes en train de m'expliquer que les religions seraient inventées par des hommes ! Ce mouvement que vous attachez aux éléments, d'où arrive-t-il ? Qui met le mouvement en mouvement ?

Vos géniteurs viennent-ils du néant ou sont-ils l'œuvre d'un Créateur souverain ?

— Oh là ! Que de questions ! Moi, Jeanne Nature, leur fille, je ne peux t'apporter de réponse que sur mon fonctionnement et, crois-moi, il est plus vital pour l'avenir de la planète que de savoir si être suprême il y a. L'homme est en train de détruire la Terre et l'environnement qui lui offre les ressources. Dans ce processus, un quelconque concept divin n'a aucune raison d'être. Sapiens fabrique lui-même l'outil qu'il utilise pour scier la branche sur laquelle il se trouve. Ceux qui veulent préserver la vie et l'autoriser à poursuivre son chemin ne possèdent que la foi en l'existence ! La seule crainte à avoir ce n'est pas celle d'un éventuel courroux céleste, mais bien la rapide extinction de l'espèce due à ses excès. La solution est dans une réaction immédiate pour stopper les dégâts et donner à l'existence l'occasion la possibilité de retrouver un deuxième souffle. Ce n'est pas Dieu qu'il faut évoquer, mais il faut prendre conscience de vos turpitudes qui, si vous persistez, vous ramèneront des millénaires en arrière sur une planète dévastée. Que vous puisiez, dans la spiritualité, les forces pour abandonner votre trajectoire mortifère, pourquoi pas, mais le temps presse. C'est par les gestes qu'arrivera votre salut collectif et non par des séances de méditation personnelle. Pour répondre à ta première question sur la provenance du mouvement, c'est facile. Il vient tout simplement du lien entre les éléments. Ils ne sont soumis à aucune hiérarchie, ils s'adaptent à la configuration des autres. Quand les conditions sont remplies, alors le phénomène voit le jour. Malheureusement, les activités humaines modifient en profondeur leurs relations et perturbent beaucoup l'interaction des éléments entre eux.

Valérie ne perd pas une miette des propos de Jeanne. Tout semble si simple et si complexe. Elle se risque à une question. Mais enfin, pourquoi ce divorce compliqué entre l'homme et vous après plusieurs millions d'années de coexistence ? »

— Le mouvement est en permanence à la base de mon évolution, c'est son moteur, c'est le propre de l'existence. Ce catalyseur a débouché, lentement, mais sûrement, sur de nouvelles relations. La nature s'est rapprochée de l'espèce humaine, l'a détachée de son emprise animale et, dans un besoin de reconnaissance et peut-être d'amour, a accepté de s'unir à lui d'une manière plus intime.

— Si je comprends bien, je dirai avec mes mots que vous ressentiez la nécessité d'être aimée !

— On peut le dire ainsi. Après l'ère des dinosaures qui avait ébranlé le principe de l'équilibre, il m'a fallu à des millions d'années pour me consoler de l'intervention brutale et efficace des éléments et mettre au point une stratégie de retour à une stabilité basée sur la multiplicité des espèces et leur propension à vivre ensemble. La nature a favorisé l'homme en lui confiant les moyens de s'adapter aux conséquences du séisme. En échange, elle attendait de lui des soins attentionnés, le respect mutuel dans une interdépendance sans faille. L'évolution a été lente, mais constante et sapiens a atteint le but qu'elle avait fixé, il est devenu son interlocuteur privilégié. Elle s'est sentie proche de lui et a fermé les yeux sur sa propension à tuer d'autres espèces quand ils ne s'exterminaient pas entre eux, car toute être vivant a un ennemi qui régule les flux. L'humain échappe à cette règle, il est son propre prédateur. Le fait qu'elle a été courtisée la prédestinait au pardon, elle s'est réjouie de voir les individus apprécier la nourriture et l'ensemble des matériaux qu'elle mettait à sa disposition. Elle avait une grande estime pour les paysans qui la traitaient avec un sentiment de peur et d'espoir, qui alimentait son formidable besoin de reconnaissance. Elle était triste lorsque les éléments provoquaient la disette, voire la famine ou les épidémies. Ces phénomènes ont fait prendre conscience à l'homme qu'il est dépendant d'elle, certes à travers des liens affectueux, mais dépendant quand même.

— L'évolution de l'espèce humaine peut-elle s'expliquer par le fait qu'il a désiré se libérer des chaînes que vous avez serties avec son consentement ? demande timidement Valérie

— Le rapport étroit entre eux est une grande loi de la nature, les éléments sont solidaires. Pourquoi veux-tu que l'homme échappe à cette règle ? Il n'y a aucune honte à accepter des lois lorsqu'elles sont universelles. Les chasseurs-cueilleurs l'avaient bien compris et assimilé la chose et, à aucun moment, ils n'ont choisi la rupture avec elle. Au contraire, ils ont utilisé toutes les ressources pour améliorer leurs conditions d'existence. Je les ai accompagnés dans cette évolution, les menant à des inventions qui leur ont simplifié l'existence et les ont même conduits à compléter leurs besoins de nourriture et de logement par des activités artistiques avec lesquelles ils m'ont enchantée.

Elle marque un temps de silence.

— Peut-être que dans mon désir insatiable d'amour, j'ai trop serré l'homme qui s'est senti étouffer ! Mais peux-tu m'avancer des raisons pour lesquelles il aurait abandonné mon étreinte pour se soumettre à la domination de congénères qui lui ont fabriqué un carcan bien plus rigide que les sautes d'humeur de son environnement ?

— Est-ce que je peux vous répondre avec l'une de vos phrases ?

— Bien entendu.

— Parce que les conditions étaient remplies. Parce que vous avez eu envie de couper le cordon ombilical du rejeton façonné à votre image pour suivre, avec curiosité, son évolution. Auriez-vous, péché par excès de confiance ?

Jeanne sourit !

— Il me semble que c'est plutôt lui qui l'aurait coupé, mais qu'importe, je dois faire le constat qu'il n'est pas l'enfant prodige que je pouvais espérer. Quelles que soient les raisons de son dérapage, c'est effrayant. Le tête-à-queue amorcé, il y a à peine deux siècles, va se terminer dans le précipice. Lorsque sapiens utilise son arrogance et son intelligence à piller la nature au nom de l'unique loi du profit pour une minorité, quand le capital laisse des tricheurs exploiter des règles floues dictées par des lobbys dominateurs, il devient assassin et ne se soucie guère du nombre de victimes que ses méfaits vont causer. L'homme s'est mis en position de s'autodétruire. Son destin lui échappe, je vais reprendre la main. À lui de revenir à ses amours d'antan ou bien de se faire hara-kiri.

Un long silence s'ensuit. Valérie semble KO, debout.

— A priori, sa cliente n'est pas prête à un compromis.

— Les dés sont jetés alors ? dit-elle d'une voix chevrotante.

Jeanne lui répond :

— Les dés sont jetés. Quel sera leur verdict ? Nous le saurons quand ils seront immobiles. Entre-temps, l'humanité peut changer de cap. Restons optimistes, les quatre éléments sont présents en chaque être vivant, ils vont se mettre à vibrer pour nous indiquer le chemin.

— Qu'est-ce que cela veut dire « les éléments sont présents en chaque être vivant » ?

— Moi, fille légitime des éléments, suis soumise à leur interaction. L'homme, qui fait partie intégrante de ce système, les accueille, en son sein, leur interdépendance va influencer, en interne, son mode de fonctionnement. Sur terre, quand les conditions sont remplies, l'orage éclate. Eh bien, dans l'individu, c'est pareil.

— Si je vous comprends bien, Jeanne, en moi cohabitent le feu, l'air, l'eau et la terre.

— Exactement. Chaque élément est dupliqué en chacun et est en relation directe avec son alter ego. L'émetteur diffuse selon des règles immuables, tandis que le récepteur reçoit, à travers des filtres, que représentent nos ancêtres et notre environnement culturel. Ils sont les variables personnelles, une sorte de transformateur qui va légèrement atténuer ou accentuer les ondes envoyées par les éléments. Les phénomènes identiques existent en moi et en vous. Le feu peut nous brûler ou nous conduire à la lumière. L'eau, notre nappe phréatique, peut-être à sec, déborder ou avoir le niveau satisfaisant. Notre Terre peut être fertile ou aride. L'air a une place à part, il est d'abord celui que nous respirons et, à ce titre, il est vital. Il est aussi les courants qui sont en nous et qui vont, en fonction de notre baromètre, chasser ou amener des nuages. C'est de la connaissance de ces phénomènes que dépendent l'équilibre et l'harmonie.

L'argumentaire de chaque camp

Au fur et à mesure du déroulement des audiences, les deux peurs continuent de s'affronter. L'enjeu est de taille et les spectateurs de ce combat sont bien désemparés.

Jeanne, avec son bon sens, persiste à proclamer que les dons renouvelables qu'elle a consentis ont permis à son protégé de grandir. Sans sa générosité et son amour, l'évolution de la vie aurait suivi un autre parcours.

Ses détracteurs ne cessent d'affirmer que l'homme est appelé à devenir acteur de son destin selon la volonté des quatre éléments. Pour eux, ils sont les seuls géniteurs.: Jeanne n'est pas la maîtresse de l'existence, mais uniquement la comparse de sapiens et, à ce titre, elle doit partager avec lui et accepter le rôle que l'histoire lui a confié.

La réponse de l'accusée fuse :

— Monsieur le Président, je m'inscris en faux devant les arguments de mes adversaires qui tentent par tous les moyens de noyer le poisson selon l'une de leurs expressions, mais trêve de plaisanterie. L'homme n'est pas apparu sur la Terre par je ne sais quel miracle ou sur un coup de baguette magique, les éléments ne sont pas des sorciers, ils sont, au moins sur cette planète, à la source de toute vie. J'enfonce le clou, j'évolue à mon rythme et, sur cette échelle du temps, l'l'Homo sapiens, a à peine quelques secondes d'existence. S'il persévère dans son attitude destructrice, il ne lui reste que quelques dixièmes de seconde à vivre. Nier à la nature sa bonté, sa beauté et ignorer sa force est une position purement schizophrène qui le conduit irrémédiablement à sa perte.

Ces fabricants d'artifices plastronnent comme une armée d'opérette. Vous les regardez les yeux écarquillés pendant que vous demeurez imperméables aux signes que vous envoie régulièrement, non pas pour vous punir ou vous menacer, mais pour attirer votre attention sur l'impasse dans laquelle vous vous êtes engagés. Jamais mes interventions n'ont pour but de vous châtier ou de vous humilier, elles veulent simplement vous rappeler que nous sommes unis par des liens ancestraux qui devraient vous inviter à me témoigner au moins du respect, voire de la reconnaissance. Si vous vous résignez à mordre la main qui vous nourrit, alors je crains que la claque que la nature vous donnera soit plus effilée que la lame de la guillotine. Réduite à cette extrémité, votre bienfaitrice se retrouvera dans la situation de la mère qui, dans un geste de colère, gifle son enfant et le regrette immédiatement en voyant la mine contrite de son galopin. Mais, Monsieur le Président, quand les conditions sont remplies, la nature témoigne de la force de ses composants. Les dérèglements climatiques dus à l'homme exacerbent les éléments qui m'ordonnent de me montrer violente, que je le veuille ou non. Trop souvent, ces expressions sont le produit d'un refus de l'homme d'accepter ces situations. Et le pire est à venir. Quant aux arguments de mes adversaires qui souhaitent enfoncer un coin entre moi et les éléments, ils sont ridicules. Eux et moi vivront en intime osmose, comme l'eau de l'océan et le sel.

Les interventions de Jeanne commencent à tracer leurs sillons et les fabricants d'artifices avec leurs raisonnements hypothétiques sentent le sol se dérober sous leurs pas. Mais ils ne désespèrent pas d'obtenir gain de cause, car, depuis que sapiens s'est sédentarisé, c'est toujours une infime minorité qui a pris le dessus. Pourquoi en serait-il différemment aujourd'hui ? Simplement parce qu'une vieille folle débite des vérités d'une autre époque ? L'homme pourrait se rappeler les avancées que la science lui a apportées et, s'il a des pertes de mémoire, eh bien, ils lui rafraîchiraient les idées. Grâce à qui a-t-il quitté le Moyen Âge, qui a contré les épidémies, qui a mis au point les inventions qui ont donné le bien-être à l'espèce humaine ? Oui, QUI ? Les savants. Puis est venu l'attelage chercheurs-capital, unique outil à pouvoir permettre la distribution du progrès technique et social. Dans son fonctionnement, il n'y a pas quatre éléments, mais un seul : le bénéfice qui apporte à chacun la liberté et la connaissance. Si certains individus veulent revenir à leur statut de cueilleur-chasseur, nous ne les retiendrons pas, mais qu'ils laissent à ceux qui le souhaitent, profiter à fond des bienfaits de la science et des bontés du capitalisme. La nature restera soumise à l'esprit d'entreprendre, que cela lui plaise ou non. Ses menaces voilées seront facilement contrées par l'intelligence des chercheurs à savoir utiliser les ressources naturelles sans avoir à compter, comme si la nature pouvait s'imaginer les camoufler. Les chercheurs ont toujours trouvé les moyens de les déceler et de les employer au mieux des intérêts des populations. Nous ou le chaos, voilà quelle est l'équation à laquelle chacun et chacune doit répondre. Lui laisser le champ libre, c'est effectivement condamner l'espèce humaine à une régression fatale. Tous les maux évoqués par Jeanne seront facilement guéris par la science et le capital.

Eux en font le serment solennel, personne ne mourra noyé par des flots montants, personne ne périra asphyxié par un air irrespirable, personne ne souffrira de malnutrition ou disparaîtra sans soins. Pour chacune de ces situations, ils sauront construire des digues, créer des masques à oxygène, donner à manger à tous et fabriquer suffisamment de médicaments pour permettre à chaque individu de vivre et de mourir dans la dignité. Oui, avec nous, la vie sera encore plus belle.

Valérie explose :

— Messieurs, pourquoi ne pas avoir commencé hier à réaliser vos promesses de demain ? »

La conférence de presse de Jeanne

Pressée par ses partisans, Jeanne décide de s'adresser au monde entier à travers une intervention retransmise dans tous les pays sous l'égide des Nations Unies.

Le temps n'est plus à une vaine discorde et à des échanges de noms d'oiseaux. Il faut abandonner cette confrontation insensée entre la nature et l'intelligence, elles sont indissociables, les rives du fleuve accompagnent le cours d'eau, fusionnent avec lui. Les fabricants d'artifice persistent dans leur arrogance à vouloir les opposer alors que tout observateur honnête, tout scientifique digne de ce nom perçoit l'intime proximité qui existe entre ces deux composants.

Seule dans le studio d'enregistrement Jeanne se tient debout face aux caméras. Son beau sourire de mère nourricière cherche à capter les objectifs pour mieux pénétrer dans le regard de ses téléspectateurs.

— Mes enfants, je m'adresse à vous, sans exclusivité, pour vous rappeler que j'accompagne chacun et chacune du premier au dernier souffle depuis des millions d'années, que j'honore chacun en mettant à sa disposition l'ensemble de mes richesses. Les germes de votre développement sont inscrits dans mon ADN. Avec vous, je partage et subis la puissance des quatre éléments Vous le savez bien la seule certitude de chaque espèce est la mort. Chacun est programmé pour cela. Aucune cellule vivante n'échappera pas à cette prédiction. Je me réjouis des progrès économiques, scientifiques et sociaux, à condition qu'ils ne viennent pas perturber les cycles naturels d'une manière brutale et irréversible. L'accélération effrénée de la consommation des matières première me contraint à vous dire que vous abusez de votre mère Nature que vous pillez sans restriction. Par cette attitude, vous attaquez directement le principe du renouvellement, ne me laissant aucune chance de reconstituer les ressources qui ont mis des millénaires à se former. Les conséquences de ce saccage sont néfastes pour vous-même et pour les générations à venir. Je vous en supplie, agissez pour retrouver une relation équilibrée entre nous. Ayez confiance en moi, modifiez votre mode de vie pour tenir compte de mes aspirations qui n'ont qu'un seul objectif, vous permettre de cohabiter avec moi en osmose. Croyez-moi, être avec votre fidèle mère vaut toutes les compromissions auxquelles vous consentez avec ces bonimenteurs qui ne cherchent qu'à tirer profit de votre crédulité en vous faisant miroiter un bien-être, mais à quel prix ? Celui d'une alimentation déséquilibrée, d'un stress permanent dans un contexte d'épisodes naturels de plus en plus violents. Réagissez avant qu'il ne soit trop tard, je possède encore des ressources pour accompagner votre mue. N'écoutez plus ces doctes esprits qui veulent vous dépouiller de votre dignité et de votre essence pour vous changer en simples consommateurs dociles intégralement soumis à leurs projets démentiels. Pour eux, vous ne serez plus des individus, vous deviendrez des petits bâtons dans leurs comptes d'exploitation. Leurs desseins irréalistes sombreront dans les épreuves que les éléments leur feront subir. Exigez d'eux qu'ils transforment les moyens destinés à vous asservir en outils qui vous réconcilieront avec moi. Demandez-leur de procurer à chacun une nourriture saine et abondante, de protéger les populations des dérèglements climatiques qu'ils ont eux-mêmes provoqués comme les pluies torrentielles, la montée du niveau des océans, les incendies monstres et l'ensemble des conséquences qui en découlent. Dans la nature originelle, c'est l'équilibre qui prévaut, la dernière mouture de Sapiens a abandonné ce principe en décidant qu'une minorité contraindrait la majorité. Par cette attitude, ils ont ouvert la boîte de Pandore. Forcez-les à agir pour le bien-être commun dans le respect des lois de biodiversité. Ainsi la vie reprendra ses droits et vous pourrez prétendre à un partage équitable et raisonné des matières premières que je m'engage à continuer à vous procurer.

Ensemble, retrouvons les cycles. Dans les phases les plus difficiles de l'existence, la nature a toujours soutenu les espèces humaines. Chaque fois, elle a rempli les conditions indispensables à la poursuite de la vie. C'est grâce à elle que vous êtes présents à ce jour. Face à une arrogance aussi stupide que destructrice qui veut substituer l'artificiel au naturel, il est dans l'obligation de chaque individu sensé de se rebeller et de remettre en cause un statut qui l'éloignerait à tout jamais de ses racines.

Je compte sur vous pour retrouver une attitude respectueuse envers moi et vous épargner une terrible déconvenue.

La démarche des fabricants d'artifices

Les adversaires de Jeanne lui répondent par une campagne publicitaire dont l'ampleur est sans précédent. Aveuglés par l'astre artificiel qui irradie leur pactole, les médias et les réseaux sont mis à contribution pour dénoncer son combat d'arrière-garde. Ils affirment haut et fort que la nature et les éléments sont dépourvus d'intelligence et soumis à des règles immuables qui ne leur laissent aucune liberté, aucun libre arbitre, car, comme le dit justement madame Nature, « quand les conditions sont remplies, eh bien, l'événement se constitue et les espèces humaines subissent sans pouvoir se protéger ».

À l'opposé de ce qu'ils qualifient de matière, le Créateur a conçu l'esprit intelligent destiné à maîtriser les automatismes de la substance. C'est ainsi qu'au fil des siècles, cette faculté s'est développée jusqu'à une période très récente où elle a commencé à poser les bases d'un homme moderne qui peut sereinement envisager de s'exonérer des contraintes concrètes. Les progrès de la médecine avec le développement des règles d'hygiène ont considérablement allongé la durée de vie. L'évolution des moyens de transport toujours plus rapides et plus grands a permis une croissance exponentielle des échanges commerciaux qui transforment la planète en un marché unique dans lequel chacun est appelé à consommer sans restriction. Ils veulent bien reconnaître que toutes « leurs inventions » n'ont pas de caractère fondamental, mais qu'elles apportent à chacun un confort et un bien-être indiscutables. Le temps de la dernière espèce humaine est compté, il ne faut plus envisager le monde futur avec ses œillères et ses a priori. Eux, les nouveaux visionnaires, ont reçu pour mission de former un homo machina, fusion entre l'Homo sapiens et l'intelligence artificielle issue de machines puissantes, mais miniaturisées qui seront implantées dans le corps de Sapiens. Ces machines seront placées sous la domination d'êtres supérieurs immortels.

Tous ceux qui reconnaissent à ces hommes d'exception le bénéfice d'une existence meilleure se doivent de leur faire confiance, qu'ils sachent qu'ils sont à la porte du paradis et totalement libres de la pousser pour franchir une autre existence, exempte de charges et de soucis. Grâce à eux, l'homo machina n'aura plus qu'à se laisser conduire vers le bonheur.

Jeanne, lanceuse d'alerte

— Trop, c'est trop, faire la promotion de l'homo machina, ou plutôt l'homo machination, c'est déjà enterrer un peu trop vite l'Homo sapiens, le dernier né de Jeanne. Pas question pour elle de se résoudre à cette disparition prématurée. Son rejeton est loin d'avoir la maturité espérée, mais comment en serait-il autrement compte tenu de sa brève existence ? La crise d'adolescence qu'il traverse n'a rien d'inhabituel. Mais elle est rendue délicate par la prolifération d'individus dangereux atteints d'un syndrome de dérive qui les porte à se croire investis d'une mission. Celle-ci consiste à créer un aiguillage grâce auquel une grande partie de l'humanité va quitter la route qu'elle a balisée pour rejoindre, par des sentiers chaotiques, la gare du futur. De là, ils s'engouffreront dans des trains à crémaillère en partance pour le néant. Les déviants ont toujours été exterminés, les dinosaures l'ont appris à leurs dépens. Les fabricants d'artifices, petit groupe d'exaltés animés par une utopie malsaine et assoiffés d'argent, seront-ils la cible d'un nouveau missile ? Mes enfants, considérez-moi comme une lanceuse d'alerte. Je sais très bien que la vie n'est pas un long fleuve tranquille dont les crues ou les périodes de sécheresse témoignent de l'éternel mouvement de l'existence. Depuis que l'homme existe, il est rivé à la mobilité comme un couple marié pour l'éternité. Des continents se sont séparés dans la douleur, d'autres se rapprochent, toujours dans la douleur. L'évolution de ses enfants le prouve, elle leur a donné les moyens d'atténuer la rugosité de leur destin, mais, par essence, l'énergie, source de toute évolution, reste précaire. La nature, elle-même, n'a pas encore dévoilé tous ses secrets. Mais, faire croire que, par un coup de baguette magique, son protégé va s'émanciper de toutes les règles naturelles contenues dans son berceau. C'est une tricherie que je me dois de dénoncer, non pas parce que j'ai des craintes pour moi-même, mais parce que je sais bien que les promesses qui vous sont faites ne sont que mensonges. Jamais on ne pourra me séparer de la vie et d'ailleurs l'homo machina que les fabricants d'artifices vous font miroiter ne peut se concevoir qu'avec des matières premières que je détiens. Êtes-vous certain demain de disposer de suffisamment de nourriture pour vous alimenter tous, d'avoir toute l'électricité indispensable à votre confort quand il faudra stopper toutes vos centrales nucléaires, faute de l'eau nécessaire à leur refroidissement ? Comment construirez-vous vos logements alors que le sable est en voie de disparition ? Je dois dénoncer leur complot, car je sais que seul l'homme est capable d'asservir son semblable. Je ressens déjà votre amertume lorsque vous prendrez conscience, trop tard, que vous avez été bernés par ces marchands d'illusions et que la Liberté que je vous ai octroyée, comme étant le reflet fidèle de mon affection, ne sera plus qu'un souvenir. Dans un circuit de régression, vous redeviendrez serfs avant de retrouver l'esclavage. Vos nouveaux maîtres, soi-disant éternels, seront morts depuis belle lurette quand enfin les héritiers de l'Homo sapiens ayant échappé au désastre reprendront leur destin en main en communion intense avec la nature. Je vous en conjure, épargnez-nous, cette épreuve. N'écoutez pas ces bonimenteurs qui seront bien incapables de tenir leurs promesses. Fates moi confiance, j'ai les moyens de vous sauver si vous faites l'effort de cheminer à nouveau à mes côtés. Toutes et tous, arrêtez de lui manquer de respect, décidez immédiatement de la cajoler, mettez fin aux abus que l'homme lui fait subir et agissez, sans retard, pour éviter son courroux. Car, bientôt, aux mises en garde de Jeanne Nature se substitueront, avec une accélération foudroyante, la ronde infernale des catastrophes naturelles que vous pouvez déjà enregistrer autour de vous. ÉCOUTEZ-MOI !

La chappe médiatique

Comment entendre Jeanne dans le tintamarre organisé par une poignée de personnes influentes et de leurs lobbys, puis relayé dans l'opinion publique par les gouvernements des pays riches et les médias inféodés aux puissances financières ? Plus la contrée est prospère, plus leur voix est forte et mensongère. Les arguments ne sont pas nouveaux et toujours aussi médiocres, mais ils sont tambourinés du matin au soir avec un nombre élevé de décibels qui perforent les neurones. Un bourrage de crâne savamment orchestré par les plus grandes firmes publicitaires qui seraient les premières touchées par une remise en cause du mode de consommation. Bien entendu, les interviews et les réseaux sociaux sont monopolisés par les scientifiques et les people favorables aux thèses des tricheurs Les partisans de Jeanne avec leurs porte voix archaïques sont inaudibles.

La plus immense opération de manipulation déferle sur la planète avec la force d'un tsunami artificiel en l'absence totale d'un esprit de tolérance et de respect mutuel qui voudrait qu'au moins, on écoute l'autre et qu'on évalue, avec lui, la pertinence de ses arguments. Peine perdue. Le rouleau compresseur est en marche. La société de consommation, dans sa forme actuelle, est et reste l'unique moteur du progrès économique et social. Pour vérifier cela, il suffit de constater le désir des populations exclues temporairement des règles de partage des richesses qui n'aspirent qu'à rentrer, le plus rapidement possible, à l'intérieur du cercle vertueux. Quant aux bonnes âmes qui croient dévotement aux admonestations et aux menaces à peine voilées de la nature et bien qu'ils plient bagage et se rapprochent d'elle dans des régions hospitalières comme les pôles ou les déserts. Qu'ils ne se fassent aucun souci, ils seront vite remplacés par ceux inscrits sur la longue liste d'attente qui piaffent d'impatience de goûter aux joies du progrès scientifique qui est tout, sauf artificiel. Les bénéficiaires du système peuvent en témoigner.

Petite consolation pour Jeanne, la carte terrestre sur laquelle ses partisans ont identifié chaque camp par un fanion indique que ceux de ses adeptes sont majoritaires. Les exclus de la société de consommation et ceux conscients du risque réel que représente les atteintes portées à la nature se rejoignent pour défendre leur planète et une conception pure d'entretenir des rapports avec elle. Certes, leurs voix sont noyées dans une mer de mensonges aussi polluée que le sont les océans actuels, mais elle est convaincue que l'énergie vitale se trouve chez ses adeptes.

Jeanne recadrée

Jeanne s'endort en s'imaginant avoir rempli sa mission d'une manière satisfaisante. Quelle n'est pas sa surprise d'être réveillée en sursaut par les quatre éléments ? Ils sont fâchés et font comprendre à Jeanne que son immense amour pour l'homme la place dans une position inacceptable avec son devoir de neutralité. Il ne peut être, en aucun cas, dans ses pouvoirs de s'immiscer ainsi dans le destin de sapiens. Cet être évolué dispose des informations indispensables pour modifier son cap, à lui maintenant de trouver la volonté de se frayer un nouveau chemin. Elle ne doit pas considérer la réalité comme un moyen de pression, mais simplement se référer, autant que cela est possible, à la mémoire et à la capacité des humains à apprécier à leur juste valeur les événements que les éléments créent pour attirer leur attention. Organiser une confrontation planétaire ne figure pas dans son ordre de mission. Elle n'est ni bonne ni méchante, et est l'unique source de vie dans le sens le plus noble du terme. Ceux qui ignorent ce principe n'ont plus cette cohérence qui sert de trame à toutes les règles naturelles.

— Excellente nuit, chère fille.

— Les éléments ont raison, mon amour pour mes enfants que j'affectionne depuis leur apparition a altéré ma responsabilité. Oui, je souffre d'être abusée, violentée, déconsidérée et de constater les mutilations qu'ils m'infligent à travers l'ignorance qu'il me témoigne. Méritent-t-ils mon amour ? Dois-je me faire une raison et laisser l'homme courir à sa perte ? Au-delà de la terre, je règne sur l'univers et sur d'autres formes de vie, mais avec lui s'est établie une relation intime, n'en déplaise à mes géniteurs. Je sais bien qu'ils auront le dernier mot, mais pourquoi me dénier la faculté d'espérer ? Si le pire devait arriver, j'aurais fait mon devoir de mémoire et la page se tournera sur l'Homo sapiens. Mais, aujourd'hui, je ne peux me résigner. Menaces contre menaces, l'équilibre de la terreur conduit l'homme à l'immobilisme, mais moi je ne vis que par le mouvement. Tant pis, alors, s'il refuse de s'adapter.

Le procureur est désarmé

Les médias favorables aux fabricants d'artifices et autres pilleurs de la nature prennent le procureur dans leur ligne de mire, ils le trouvent de plus en plus déstabilisé, voire tiède. Ses interventions s'espacent et il laisse le champ libre à Jeanne et à son avocate. La rumeur prend corps qu'il faudrait en changer et le remplacer par un magistrat implacable. Le Ministre de la Justice, sur injonction du chef de l'État, le convoque discrètement pour lui faire part de son insatisfaction.

Il trouve face à lui un nouveau procureur bien différent de la personne intransigeante qu'il a connue et dont la réputation passée l'avait naturellement conduit à être le représentant de l'accusation, le porte-parole de la société. Et voilà qu'il chancelle !

Le magistrat soutient le regard inquisiteur de son supérieur. Tandis que l'orage gronde dans les yeux bruns du politicien, une sorte d'immense lac paisible se constitue dans les siens. Difficiles de déterminer les conséquences de la tourmente ? Provoquer une crue qui ferait sauter les digues ? Et alors ?

— Quelles seront les conclusions de votre réquisitoire, Monsieur le Procureur ?

— Sauf votre respect, Monsieur le Ministre, je n'en ai, à ce jour, aucune idée.

— Vous vous moquez de moi. Le temps presse, il faut clôturer au plus vite le procès et imposé le silence sur-le-champ à cette Jeanne avant que ses interventions ne déclenchent un chaos planétaire.

— À ma place, Monsieur...

Il laissa tomber le titre.

— Iriez-vous jusqu'à condamner votre mère ?

— Foutaises.

Il se lève et se dirige menaçant vers le juge.

— Imbécile, vous jouez gros, votre carrière risque d'être irrémédiablement compromise et les médias vous déchiquetteront avant que vous ayez pu prononcer un mot pour vous défendre. Ne comptez surtout pas sur moi. Mais que vous arrive-t-il ?

— La noblesse et la sagesse de cette femme me rappellent ma mère et son bon sens. Elle était d'une génération où l'on honorait encore la nature, peut-être parce que ses parents lui avaient inculqué un lien privilégié entre elle et le don de la vie. Les paroles de Jeanne ont touché mon cœur. En mon âme et conscience, je vais voir ce que mon esprit en pense. La nuit porte conseil. Mes respects, Monsieur le Ministre.

Les réquisitions du procureur

Le procureur est invité à prononcer son réquisitoire. Une chape de silence s'abat sur le tribunal. Chacun retient son souffle à l'exception de Jeanne.

Le représentant de la société se lève, raide et blême. Il reste longtemps calme. Les personnes assises au premier rang remarquent la sueur qui dégouline sur son visage.

Le président l'admoneste :

— Eh bien, allez-y !

— Monsieur le Président, Mesdames et Messieurs les Avocats. Vous me voyez devant vous dans le moment le plus difficile de ma carrière. Je suis censé représenter la société et, à ce titre, la défendre. À l'issue de ce procès, je me sens bien incapable de requérir contre l'une ou l'autre thèse. L'affaire que nous devons juger dépasse les attributions de ce tribunal, en particulier, et de la justice traditionnelle, en général. Je m'en remets à la sagesse de tous pour me suivre dans mes conclusions. Je propose qu'il se déclare incompétent et qu'il suggère la création d'une cour internationale, sous l'égide des Nations Unies, habilité à connaître des actes contre nature, causés par les pilleurs et les fabricants d'artifices.

L'explosion des partisans et des adversaires de Jeanne fut si forte que l'on put craindre, un moment, l'effondrement du chapiteau. Il n'en était rien. Sa structure souple encaissa le choc en se déformant avant de reprendre sa forme d'origine. Le président, après avoir menacé l'évacuation du public à plusieurs reprises, obtient enfin le silence et, comme le veut la procédure, donne la parole à l'accusée pour exprimer ses convictions.

Jeanne n'est pas vraiment satisfaite de ces réquisitions. Rien n'est tranché et le temps ne joue pas pour elle. Ses adversaires vont pouvoir profiter du vide juridique pour poursuivre leur œuvre de destruction.

La parole est à l'accusée

À travers son regard, Jeanne exprime sa désapprobation.

— Ne pas trancher est la pire des décisions. L'homme se décrédibilise en refusant clairement de juger. Le statu quo n'est pas digne de lui et des capacités qui lui ont été données. Les atteintes aux équilibres naturels exigent une réaction immédiate pour pouvoir espérer maintenir les conditions indispensables à la vie. Ne croyez pas ceux qui tentent de vous endormir, car le réveil sera brutal. Après avoir sabordé la Terre pour qu'elle ne vous alimente plus, ils vous gaveront de nourriture infecte dont vous serez totalement dépendants. Il suffira qu'ils ferment le robinet et vous serez affamés. Demandez à ces profiteurs qui vous promettent le bonheur de vous assurer une existence stable et harmonieuse au lieu de vouloir faire de l'argent sur vos faiblesses. Si vous doutez de l'intelligence de la nature, prenez le temps de voir fonctionner l'univers, observez votre planète en suspension dans l'espace, sentez fonctionner votre corps, quelle cohérence, quelle merveille. À bon entendeur, salut.

Le tribunal met son jugement en délibéré.

Sans plus attendre, Jeanne s'éclipse, l'énoncé du jugement final lui importe peu.

Un ciel gris et une pluie fine l'accueillent à l'extérieur. Mû par un réflexe, elle se voûte, le crachin maille son front et ses yeux, puis forme des gouttes qui perlent le long de ses joues.

Épilogue

Le lendemain, un cortège de fidèles se rend à la ferme en quête d'instructions. Le spectacle les tétanise. Autour, la prairie a été remplacée par un grand champ de soleils fanés, la nuque brisée. Au centre de ce champ, un arbre inconnu illuminé par des fleurs magnifiques. Sur le tronc, à hauteur du regard, un parchemin fixé à son tuteur par une goutte de résine :

« Mes ami(e)s, ma mission est terminée. Il me faut maintenant aller rendre compte aux quatre éléments. C'est à eux que revient la décision : mettre leurs menaces à exécution et acculer l'homme à obéir ou faire une croix sur l'Homo sapiens et le laisser anéantir ce que la nature a engendré. J'ai le cœur qui saigne, mais continuez le combat. Je vous assure de mon énergie, utilisez au mieux le peu de temps qui vous est imparti pour convaincre vos congénères de me respecter et de résister aux fabricants d'artifices qui sont en train de baliser la voie qui mène à leur disparition. »

Biographie

J'ai toujours aimé écrire, de courts textes en prose ou des poésies, souvent en alexandrins, à l'occasion de moments festifs ou exceptionnels.

À la retraite depuis un certain nombre d'années, j'ai poursuivi dans cette veine en m'essayant au roman (deux livres non édités) ; au théâtre, une pièce en prose et alexandrins en peine de metteur en scène, une autre en cours d'écriture. En parallèle une œuvre intitulée « Le combat de Jeanne Nature contre les pilleurs, les tricheurs et les fabricants d'artifices » publiée chez Evidence Editions dans la Collection Electrons-Libres.

En préparation, deux ouvrages : un roman et un livre de réflexion et dans le registre poétique un recueil quasiment achevé.

L'écriture, qui n'était qu'un agréable passe-temps est devenu un réceptacle précieux qui m'accompagne dans la pratique de la méditation. Le souffle et les mots s'associent pour donner vie aux fruits de mes explorations.

Mentions légales

ISBN : 979-10-348-0920-2
ISSN : 2555-8366

Evidence Editions
ZAI Bel Air
17230 Andilly

Site Internet : www.evidence-editions.com
Boutique : www.evidence-boutique.com

Dépôt légal octobre 2018

Imprimé sur papier **Clairefontaine** fabriqué dans les Vosges.

Achevé d'imprimer par C.L.I.P

9 791034 809202